气 质 的 力 量

《罗丹·著》

中国纺织出版社有限公司　国家一级出版社　全国百佳图书出版单位

内 容 提 要

伏尔泰说："美只愉悦眼睛，而气质的优雅使人心灵入迷。"美丽的容颜会随时光暗淡，但气质永存，并且它将会伴随岁月的磨砺焕发独有的光彩。气质的力量如此神奇，我们该如何修炼？

本书以礼仪为切入点，围绕衣食行，从形象、仪态、商务、职场、社交、餐饮等多维度，由内而外，帮助女性培养独特优雅的气质。

图书在版编目（CIP）数据

气质的力量/罗丹著.--北京：中国纺织出版社有限公司，2021.2

ISBN 978-7-5180-8075-5

Ⅰ.①气… Ⅱ.①罗… Ⅲ.①女性—礼仪 Ⅳ.①K891.26

中国版本图书馆CIP数据核字（2020）第211125号

策划编辑：刘 丹　　责任校对：江思飞　　责任印制：储志伟

中国纺织出版社有限公司出版发行
地址：北京市朝阳区百子湾东里 A407 号楼　邮政编码：100124
销售电话：010—67004422　传真：010—87155801
http://www.c-textilep.com
E-mail: faxing@c-textilep.com
中国纺织出版社天猫旗舰店
官方微博 http://weibo.com/2119887771
北京通天印刷有限责任公司印刷　各地新华书店经销
2021 年 2 月第 1 版第 1 次印刷
开本：880×1230　1/32　印张：6
字数：168千字　定价：59.80元

凡购本书，如有缺页、倒页、脱页，由本社图书营销中心调换

每个女人

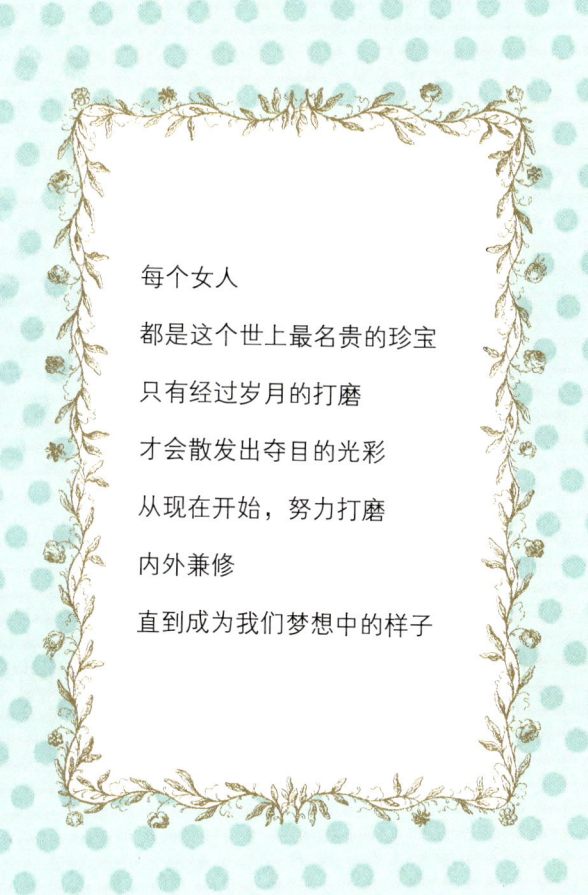

都是这个世上最名贵的珍宝

只有经过岁月的打磨

才会散发出夺目的光彩

从现在开始,努力打磨

内外兼修

直到成为我们梦想中的样子

推荐序

作为一名外交官，我从事外交工作四十余载，其中在礼宾岗位上工作也有数十年，曾参加并安排过上千场宴会，退休后又给各地政府单位、院校及企业进行了数百场礼仪讲座，结识了很多朋友，而在礼仪培训领域中，罗丹老师是让我印象很深刻的一位。

我记得认识她也是在一次培训课程上，当时她正在杭州做国宴级礼仪培训。从言谈举止的气质，到待人接物的亲和，可以感受到她把礼仪已经融入到自身的生活中、生命中。从对礼仪文化研究的严谨，到课堂传道授业的投入，可以看出礼仪文化的传承、传播已成为罗丹老师最热爱的事业。

"人无礼则不立，事无礼则不成，国无礼则不宁"，近年来，越来越多的人投入到礼仪文化的传承与传播事业之中，但这条礼仪之路并非一番坦途。在我认识的一些礼仪机构、礼仪老师中，有的开始多元化发展，有的已经转行，而罗丹老师始终如一地坚持这份事业，并影响更多的人学习礼仪、践行礼仪，十分难得。

我国素有礼仪之邦美誉，不仅在日常生活中要明礼行礼，在外交工作中我们同样要以礼待人，以礼待国。礼，我们流传了千年，也沉淀了千年，今日之礼已不同于千年之前，但仍能够很好地传承，不断地丰富，正是因为这样一些人，他们始终坚持礼仪事业，并引领更多的人共同追求，在礼仪传承传播之路上，坚定不移，行稳致远。

这本由罗老师用十几年时光沉淀与静思慧语写下的《气质的力量》，缘起可能是一个随心而动的念头，而这其实也是一个必然。一个人眼睛里有目标，有执着之光时，每一个看似自然而然的东西其实早已在做出抉择时生根发芽，需要的无非是岁月与经历的锤炼与洗礼。

再次祝愿罗老师礼仪之路越走越远，借为罗老师的书写序之际，希冀越来越多的朋友对礼仪有不一样的精深见解，小到日常生活礼尚往来，大到国际舞台纵横捭阖，都能够更好展示新时期的大国公民风范。

——中国前驻法国斯特拉斯堡总领事、察哈尔学会副理事长、原外交部礼宾司处长　张国斌

序

15年前,我还是北漂一族,开始在北京的学习与寻梦之旅。我不知道你是否也是北漂一族,是否也有过梦想,但我的梦想——就是在那里萌生的。

有天下午,我和朋友们逛街,走过了北京一条又一条街道,无意中看到一栋非常优雅的小楼,估摸着是一家女性教育机构吧,小楼的风格兼具古典与时尚,清新雅致,令人心旷神怡。感觉每一位走进去的女士都很优雅,也很自信,整体一片宁静和美的气氛,这不就是我非常向往的一种生活状态吗?我马上萌生了一个想法,也想打造一栋优雅小楼,创办一所气质女性学堂,专门帮助女性提升自信,实现自我价值,给她们带来幸福!随后我慷慨激昂地发表一番自己的演讲，当时所有人都扑哧一笑，说我理想化、不接地气，觉得这个想法肯定实现不了。

我并没有放弃，开始钻研哪个点是可以帮助女性内外兼修、立竿见影改变气质的。我去了一些国家，学习了不同的课程，同时看到了礼仪的美，看到这个时代礼仪文化的缺失，我开始期望成为一个点燃火种的小火苗，开始礼仪文化的传播之路！

15年走下来，从销售人员、专职讲师、运营总监、到培训公司的CEO兼首席讲师，再到自己单独创业，创建自己的品牌，带团队、讲课、做营销，我一直在努力精进，勇敢实践的路上，我成了大家眼中的空中飞人，一年365天有近300天在全国各地巡讲。

记得刚开始做这个行业的时候，很多人都不理解，他们说礼仪有什么好学的，成年人还要学这些吗？但走过一座座陌生的城市，受邀一场场讲座，在我们身体力行的传播路上，我们不仅改变了许多人的观念，更多的是唤醒了大家对于礼仪的学习热情，也影响了越来越多的事业同行者！

在此期间，我从一个小小个子被人说气场不够的女生，成长为历经各种大型会议并担任主讲嘉宾的成熟女性，成为两家公司的创始人，还有了非常支持自己、爱自己的先生和两个可爱的宝宝，拥有了美满的家庭。没想到，当初那个被大家没放在心上的想法竟成为现实，我真的做起了女性素养培训，走上了礼仪与美的传播之路！

这些年，我们得到越来越多企事业单位、媒体及社会人士的关注和认同，很多客户最后成为我们品牌的传播者，我们有幸为超过100家世界五百强企业的员工做培训，受邀各种媒体赛事。直到我们受邀走入G20国际峰会的培训现场，成为这场国际盛会的培训老师，能够为中国的外交形象尽自己的绵薄之力，我们倍感荣耀！

而相对个人而言，面对纷繁的时代，我们应如何自处，如何更好地迎接挑战，为自己赢得更多的机会呢？记得有人说过：每天都要精心地装扮，因为你不知道你会遇见谁。为了让更多女性读者获益，我将我多年的礼仪培训经验整理成这本《气质的力量》，旨在让广大女性通过学习礼仪让我们拥有精致的形象、优雅的举止、得体的谈吐等，也可以重塑个人品牌，直到我们成为更好的自己！

我相信，气质，足以动人，想要拥有它，从礼仪开始！

罗丹

2020 年 10 月

目 录

上篇 梳颜

03 形象是一种力量

04　1. 你的形象价值百万

08　2. 得体比美丽更重要

12　3. 五大单品，打造万能穿搭术

16　4. 细节是魔鬼

19 礼之至美，仪态万方

20　5. 生而优雅

24　6. 女人，仪态比脸重要

28　7. 体态是无声的交流语言

31　8. 手是女人的第二张脸

34　9. 坐出一道优美的风景线

- 36　10. 心中有爱，眼中有光
- 38　11. 微微一笑很倾城
- 40　12. 声音是灵魂的修容笔

42　礼仪小贴士

中篇　待人

53　商务与优雅的邂逅
- 54　13. 商务交往中的"见面礼"
- 58　14. 自我介绍的"1分钟法则"
- 62　15. 商务拜访中的开场说话技巧
- 66　16. 会议礼仪之座次安排
- 70　17. 善用你的优雅"电波"——电话礼仪

75　打造你的高级职场范儿
- 76　18. 日常办公室相处的礼仪细节
- 80　19. 微信沟通礼仪，你了解吗
- 85　20. 邀请礼仪，郑重而优雅
- 89　21. 记住四点，让你与上司更好相处

目录

93　优雅于形，温暖于心——社交礼仪

94　22. 合适的社交距离

98　23. 有效倾听"四不要"准则

102　24. 如何优雅地赴一场剧院约会

106　25. 不可不知的鲜花馈赠礼仪

111　26. 探望病人，好问候胜三冬暖

115　礼仪小贴士

下篇　悦物

123　优雅得体的餐桌礼仪

124　27. 中餐宴请的用餐礼仪

128　28. 西餐礼仪中的"第一刻"

131　29. 西餐礼仪之优雅入座

135　30. 看英剧，学品酒

139　31. 做一个懂咖啡的人

143　32. 饮茶之礼仪

146　礼仪小贴士

[琢心篇：罗丹心语]

152　1. 阅读，细嗅岁月的微香

155　2. 生命是一场修行，让世界温情柔软

162　3. 愿你千帆历尽，归来仍是少年

165　4. 一辈子一件事，为礼传承

172 **尾声**

上篇　梳颜

形象是一种力量

1. 你的形象价值百万

一个有气质的女人，一定懂得"外表就是自己的战衣"。

小时候，我是家里的假小子，根本不懂什么女孩子家的玩意，隔壁花花姐总是各种漂亮的发夹一堆。她总喜欢穿一件粉色的连衣裙，配上一件红色的小皮鞋，好看极了。

我则延续了我父母他们的朴实，通常都是一件白上衣、黑裤子配双白球鞋。我们父母那辈人含蓄了一辈子，他们对美的认知没有我们今天这么丰富多彩，所以也不会讲究什么穿搭，更不懂什么合适不合适。

现在，颜色是有时尚度的，服饰也是有语言的。如何选择正确的颜色与合宜的服饰成为我们日常的必修功课。

上篇 梳颜

直到我后来开启了礼仪传播之路，才知道原来看似简单的衣服穿搭居然也是一门艺术。

这就是个人形象的影响力，它价值百万，却不是每一个人都能意识到。

想成为一个有气质的女人，打造你的个人形象名片必不可少。它不单反映着你的精神面貌，也反映着你的生活状态，前者可以通过技巧短暂改变，但后者才是我们更应关注的。

我的学员秦晴就是最有力的证明。以前的她留着非常可爱的齐刘海，扎着马尾辫，言谈举止非常青春、活跃，乍看就像个小女生，完全不像是团

队的领导人。她来上课还特意跟我说不要把她变得很成熟的样子。结果半年私教课学习下来，通过一系列形象打造、形体梳理、仪态训练、商务和社交礼仪的情景模拟，再加上心灵疏导，可谓内外兼修双管齐下，我帮她树立了一位职业女性更为知性的形象。现在明显感觉她为人处事的态度以及个人形象上一点点地在发生变化。学完课程一年后，当她出现在很多大型场合给她的团队讲课的时候，我看到她举手投足之间越来越彰显出一种成熟女性的自信与落落大方。她的个人形象完全改变了，那种小姑娘的可爱感荡然无存，取而代之的是浑身上下散发着的端庄气质。

我不禁问她："你不是最反感这种成熟的形象吗？"她的回答让我忍俊不禁："罗老师，通过你的训练，我发现我就应该是这个样子，我已经回不到以前那样了，我更加喜欢现在的自己。再者，我觉得人的形象要跟着年龄走，在适当的年龄，根据适当的身份穿出符合她年龄、身份的样子，这也是一种自信的表现。"多么可爱却又充满智慧的回答，她改变的不单是个人形象，她还掌握了选择最适合自己年龄、身份形象的要点。

现在，她不仅带领着自己的团队拿到了很傲人的业绩，夫妻关系也处理得非常和谐，两个很可爱的宝宝更是让幸福锦上添花。一个女人通过一次外在形象的改变，从此掌握了自己的人生，在事业与家庭之间做到了平衡，拥有了属于自己的幸福生活，不得不说，形象真的很重要。

"谁也不会想通过你邋遢、颓废、糟糕的外表去了解你的内在。"也许这句话太现实，但在这个看颜值的世界，这句话总比让你喝下无数催眠鸡汤活在自我感觉良好中要强得多。

你若想得到这世上最好的，先得让世界看到最好的你，当你坚信这一点时，试问，谁还能阻止你的自我改变。

2. 得体比美丽更重要

个人形象还包括很多方方面面,但只要一管口红就能让你变得靓丽,一个发髻就可以让你变得优雅端庄,一个微笑就能为你赢得客户,一个眼神就可以让你的感情焕发新生,相信没有女人会选择拒绝。

现代女性的自我提升意识在不断提高,越来越多的女人

渴望更了解自己，她们希望知道自己的体型属于哪种，什么样的颜色适合自己，什么款式的衣服能凸显自己的优势，该选择什么样的发型、化妆品、配饰、包包等。无论是一个拥有千万资产的女企业家，还是一个月薪几万的白骨精，都在努力打造个人形象，想要活出最好的自己。

从色彩到风格，从身材到发肤，从配饰再到声音语调等。

这里不得不提服饰礼仪的场合原则之"TPO"原则。"TPO"原则，即着装要考虑到时间"Time"、地点"Place"、目的"Object"。其中的T、P、O三个字母，分别是英文时间、地点、目的这三个单词的缩写。它的含义是要求人们在选择服装、考虑其具体款式时，首先应当兼顾时间、地点、目的，并力求使自己的着装及其具体款式与着装的时间、地点、目的协调一致。这点对于女性尤为重要。

在不合宜的时间、地点错误着装，有时不单单是影响个人形象，可能还会导致其他的不良后果。

小丽（化名）是一名公务人员，记得她参加一个大型公务接待活动时，穿了一条超短裙，搭配了一双黑丝袜。没曾想，这让她很是尴尬。早前，公务员面试时就有规定，小丽没有关注到所以犯了这个禁忌，小丽的黑丝袜和超短裙给来访客人留下了不好的印象。类似这种正式场合，通常要穿肤色的丝袜会更合适，裙子的长度首选齐膝或膝盖上下两指都可以。黑丝袜虽然被大众广泛接受，但针对某些有严格规定的场合，还是要谨慎选择，超短裙也是大忌，与场合很不符。平日里，建议大家的包包里也常备一条肤色丝袜，一来备用，二来以防应对不同场合转换时带来的尴尬。

不单是着装，就连配饰也是需要讲究佩戴场合的。

一般来说，从头到脚，配饰最好不要超过三种，颜色也不宜过于花哨，尽量保持同质同色，我曾看到有的女性年纪不小了，却佩戴着西瓜、棒棒糖之类的粉嫩少女系耳饰，觉得跟她的年龄与场合十分不搭。在饰品的选择上，还是简约低调的比较好，少女系耳饰可以留着假期休闲的时候佩戴。

在恰当的时候做恰当的装扮，这是一个气质女人得体的标准。

3. 五大单品，打造万能穿搭术

谈到穿搭，很多学员觉得是件头痛的事情，特别希望有一种简单的策略可以应对每季的选择。接下来与大家分享我自己用下来觉得很好的方法。

很重要的一点，你要有衣橱整理意识，也就是80%的衣服是百搭单品，剩余的20%才是特色款服装。

另外，女性衣橱中要必备五大单品。

第一个是西装外套，我们在选择的时候首先不要考虑过于端庄板正的西装，同时也不要选择过于短小的西装。可以考虑版式宽松、面料柔软型的，整体看起来没有那么

死板。如果是在职场中，配条小裙子穿上高跟鞋，完全可以 hold 住场面；如果在生活中搭上牛仔裤、平板鞋也是非常轻松愉快的一种穿着。

第二个必备单品是针织开衫。选择的针织开衫面料最好柔软、轻薄，一是便于携带，二是可以表达我们女性的柔美气质。它有很多种搭配方法，比如跟裤子、裙子都可以很和谐地来穿搭。

第三个单品是小黑裙。有一句话说，每一个女性的衣橱里面都要有一件小黑裙。不管是什么样的身材，在什么季节、什么样的场合，它真的可以说是一个万能且非常显高级感的穿搭必备单品。小黑裙在面料的选择上，要注意不要太过轻薄，也不要有太多的蕾丝，面料要更精致，厚薄要适中。

第四个单品是白衬衣。可能有些人会说：白衬衣有什么好的呢？我们每天上班好像都穿白衬衣。但其实我们每一位女性都需要备有不同的白衬衣。讲到白衬衣，我想起巩俐，她在很年轻的时候去戛纳电影节，一件白衬衣，一条黑色的西裤，非常简单，却用气质美惊艳了全场。其实越简单的东西越经典，越经典的东西越不会过时。

最后一个单品是打底衫。吊带、短T恤等都可以称为打底衫。在选择的时候，图案不能太大，越简单越好。

当我们学好穿搭的时候，一件衣服可以抵十件。你要知道是你在穿衣服而不是衣服在穿你，你要让自己的美由内而外地结合，散发出力量，同时要相信没有一件衣服是靠自信穿不出来的。

4. 细节是魔鬼

在社交场合中,一个人的口气、体味也会无形影响你的人际关系。

我记得小时候,班里有一位女同学,大家都不喜欢跟她玩。原因无它,而是大家一凑近她就能闻到她身上散发出的体臭味,再加上她的头发经常乱七八糟,让人觉得她好像很久不洗澡一样。后来有一次她居然被老师发现长了满头的虱子,久而久之大家看到她就避之不及了。不爱干净,不讲卫生,似乎成了她的标签,直到现在仍有同学在背后悄悄叫着她"周邋遢"的外号,无论她是否已经变成养眼的美女,都无法彻底抹掉那些深入人心的负面印象。这些无不说明，细节就是魔鬼，真的很重要，一个有气质的女人必然会关注这样的细节，不会让自己一开口就熏跑身边人。

牙齿不亮白，NO；耳郭不干净，NO；脐下有杂毛，NO；腿上有腿毛，NO；指甲有倒刺，NO；私处不美观，NO……真正有气质的女人，一定是会连这些小细节都不放过，她们甚至会关注自己说话的语速与语调。

礼之至美，仪态万方

5. 生而优雅

窗外飘着雾蒙蒙的小雨，鱼缸中的金鱼慢慢地一圈接一圈地游过，我半眯着眼，倚靠在玻璃窗边，看窗外来来往往的人群：有遮着头快步奔走的人，有撑着一件衣服相拥走过的情侣，有边说边笑走过的孩子……大部分人都行色匆匆，突然我被一个场景吸引：从一把不算很起眼的雨伞下伸出一只修长好看的手，正扬手一掬，似乎想接住雨水一般。这样停顿了有好一会儿，伞下的女人像是欣赏完了这场朦胧小雨，缓缓抽身离开。

她的摇曳生姿让我忍不住想要靠近，直到她淡出我的视线，那种婉约感仍萦绕心头。

随着她的离去，我任由大脑放空，不经意一个念头闪过脑海："一个女人怎样才能修炼出像她这样的气质，与众不同？"

课堂里，我常常会讲优雅的三个层次：外表的优雅、言行的优雅和心灵的优雅。

外表的优雅是第一步，也是最容易改变的。也许你认为外表的优雅通过一次快速的形象塑造就可以达到，但这其实是一种误解，因为外表改变不等同于优雅。优雅在于心，显于貌，露于行。

外表的优雅多是一种学习与模仿的开始，要先做到具备形似，再到高一点的自我要求，开始注重细节，落实到一言一行中，从而实现言行的优雅，最后上升到心灵的优雅。而深层次的优雅完全发自于你的内心，可以说它已经是一种被烙印在身体，贯穿于精神的习惯了，也就是神形兼备的优雅。

优雅，是一份心境，需用时光雕刻，才能让我们拥有不断增值的人生。岁月可以改变一个人的容颜，美丽的外表将会被时间的齿轮磨去光泽，但是优雅的魅力将会永驻。

优雅的女人，她们眉目如画，风姿绰约；她们积极向上，自我悦纳；她们温柔坚定，润物无声；她们历尽磨难、饱经风霜后依然能够淡然平和地面对生活。真正的优雅，没有矫揉作态，而是用体态进行无声的交流。它并不是全靠训练出来的，也无法伪装，而是一种阅历，一种积淀。

优雅，是从灵魂深处散发。优雅，是返璞归真，是不需要过度修饰和用力，是肌肉与骨骼刻意训练的自律习惯，是眼神眸亮、仪态舒展，是清正之美。做一个气质优雅的女人是一门极致的学问，也是一种艺术：识大体，懂进退，有自信，有敏锐的目光、健康的身心，浑身充满活力。优雅，不仅是外表，更是内心的充实与丰富，赏心于己，悦目于人。

很多女企业家在听完我的课后，会说："原来做女人是这样的，原来我也可以这样。"是的，优雅的女人是女人中的尤物，是世上的珍宝。但是，优雅不会与生俱来，需要在生活中培养和修炼。

那么，何为东方优雅呢？简单概括只有八个字：温柔内秀，得体大方。

请记得，你最美的样子，是你微笑的时候。无论你在哪个年龄，都可以气质如兰，活出精彩。

想成为一个优雅女人，外表的优雅只是第一步，内心的优雅才是终极目标，做好每一步，才是蜕变的关键。

气质优雅的女人所注重的所有外表背后，其实都对应着其内心的涵养。

6. 女人，仪态比脸重要

女人的仪态气质有多重要？也许下面几种现象可以告诉你答案：

同是坐地铁，一个懒散放松，完全没有坐相，另一个虽然在低头看手机，但背部挺直。两个人的气质形成鲜明对比。

头前伸、塌腰、耸肩、驼背、含胸……这些看似很普通的问题，实际上已经毁掉了你的整体形象。

每每说到体态问题，××演员总要被拉出来群嘲一番。她在电视剧中就曾因脖子前倾被网友吐槽"很出戏"。

反观刘诗诗，她就是教科书式的好仪态代表。很多人说她五官太过寡淡，但这完全不影响她在四小花旦中的女神地位，反倒看上去更有东方女性的独特气质。

女人之美，仪态为先。没有哪个女人可以年轻一辈子，当娇美的容颜不再时，高雅的体态和气质就成为自信的源泉。有颜有才的女明星们也难以驾驭不好的体态，但如果有意识地去训练自己的仪态，会让你有翻天覆地的变化。比如倪妮。很多人说，张艺谋的眼睛很毒，选中倪妮出演《金陵十三钗》的玉墨，她清纯不失性感，大气中带有妩媚，把角色演绎得淋漓尽致。

所以说，仪态气质对于女性

来说是多么重要!

很多人明明长得不差,身材也不错,但一上镜就尴尬,衣服就是穿不出高级感……这些烦恼其实都是体态不好在作祟!

很多人觉得自己矮,无论怎么穿搭,都难以遮掩腿短的尴尬。

其实很多时候看上去矮,是因为假胯宽——下半身最宽的位置从胯骨跑到了大腿根,腿长一下被压缩2~4厘米,怎么能穿得好看?

还有些人明明很瘦,小肚子却特别突出,其实是因为骨盆前倾。

这种情况下,再怎么减脂,都不可能把肚子收回去,因为骨盆不是脂肪,怎么可能减掉呢?

体态不对,花再多钱买新衣服、吃药减肥都白费。

不仅如此,长期存在体态问题,还会对脊椎、颈椎及其周围的肌肉造成伤害。一些"现代病"——比如脖子僵硬、后背酸痛、腰部疼痛等,都是不良体态引起的!

每一个女人都有旗袍情怀,而旗袍对女人的形体要求是最高的。只要按照旗袍形体的标准修炼身材,不管穿什么衣服都好看。

纠正含胸驼背,含蓄传递你的小性感,塑造腰部线条,让自己成为"小腰精"。

精致的五官是天生的,但优美的体态是可以后天塑造的,从现在开始练出优雅姿态吧!

7. 体态是无声的交流语言

有气质的女人,一定拥有良好的体态。

我常常说:心有多打开,肢体就有多打开。

体态是无声的交流语言,是永不过时的装饰品,我们常常说到身姿挺拔就想到抬头挺胸,其实这样的描述不是最佳的。

良好的身姿主要是四个字:提、收、松、挺。

提是指膝盖向上提,臀部向上提。很多女性平时都没有关注到这两个部位,基本处在一个松散的状态。

收是指腹部内收。有小肚子的女性,更要注意这个细节,不然你会在某天突然发现,小腹在没有自我约束下变得越来越大。

挺是双肩和背部挺拔。一个人的精气神往往是由这两个部位决定的。调整身姿第一步往往也是先从这里改变，做到这两个部位的挺拔，基本就具备了七成的效果。

松是肩部下沉，手臂放轻松，同时做到：目视前方，下颚回收，面带微笑，注意不要憋气，保持自然大方的手部动作，如此，女性端庄优雅的形象就展现出来了。

如果有含胸驼背的习惯，我们可以背对一面墙，用"九点靠墙"的方法进行训练。九点靠墙法是我们形体塑

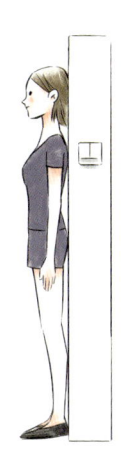

身的基本功,九个点分别是指双脚脚跟、两小腿肚、两侧臀尖、双肩和后脑勺。贴墙坚持训练,不仅可以改善含胸驼背及高低肩的不良体态,还能达到瘦身、塑形、减脂的功效。

这里再教大家一个一周快速改善圆肩驼背,同时能让背薄一寸年轻十岁的方法:站立,两脚与肩同宽,脚趾朝前,重心在两脚之间,夹臀收腹,沉肩,胸打开,眼睛平视前方,然后双手在背后十指相扣,手臂保持直立放于臀部,吸气时双手直立向上离开臀部一个拳头的距离。胸口向上的力,手向下的力,两者保持对抗,使后背肩胛骨向内收,胸向外展开。吐气时手回到臀部位置,后背回到最开始的状态。

以上是整个动作流程和标准要求。记住动作,配合呼吸练习,注意:不要塌腰撅屁股,肋骨外翻,要始终保持夹臀收腹。每天练习3组,每组20个,坚持一周你就会发现自己的变化。赶快行动起来吧,你会遇见更美的自己!

8. 手是女人的第二张脸

一双娇嫩柔美的手是会说话的,是有灵性的;一双漂亮的手等同于一张美丽灿烂的笑脸,所以,人们常说手是女人的第二张脸。许多女人常常会为自己拥有一张美丽的脸庞而自豪,整日涂脂抹粉倍加保养,却往往忽视了对自

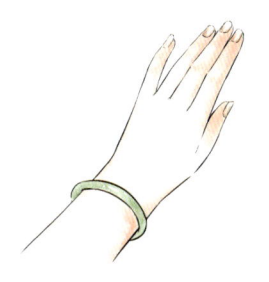

己双手的呵护，殊不知，它会给你的美丽大打折扣。很难想象，在人际交往中，拥有一张美丽脸庞的你伸出了一双粗糙无华的手会让他人有怎样的感觉……

女人一双纤细柔滑的手充满了温柔的气息，蕴含关怀、体贴、爱抚，具有魅力、富有性感，叫人感到那双手妩媚得像玫瑰花一样，散发着温柔的清香。从空中划过的时候，仿佛整个世界都被温暖了。

手可以不修长，但一定要很干净。我们要像保养脸部一样去保养手，精心呵护它，让岁月少留痕迹。平日可以多做一些手部运动，训练手部的灵动之美。比如掰手指，转手的动作，或是水波状的划动等。

你可以伸出右手，掌心朝上，四指并拢，大拇指自然张开，职场中手指伸直并拢，社交场合可以有微微的兰花指，这样的手姿蕴含着敬意和美感。在不同场景里，远距离的指引，中距离的请坐，近距离的提示，举手投足，都能彰显出一个女人的优雅与教养。

我记得影视作品中有不少片段经常夸张地拍出某些女

配角说话时用手对人指指点点,让人心生反感。一个有气质的女人绝对不会这样做,因为她知道:当用一根手指指向别人时,其余四根手指其实都在指向自己,正如孔子所言:"己所不欲,勿施于人。"

精致于细节,注重手姿,将为成为气质女人而加分!

9. 坐出一道优美的风景线

一个女人的身姿可以通过后天训练改变，但如果她的坐姿不良，再精致的形象也会全线崩塌。

葛优躺式无骨坐姿、抖腿坐姿、二郎腿坐姿等这些不良的坐姿会随时出卖你的一切。尤其是拿手机仰卧式的坐姿，不仅影响你的气质，还会引发脊椎变形。

站有站相，坐有坐相，不同的场合，坐姿的美感是不一样的。职场中较严肃的场合，我们采取正坐，就是腰部、膝盖和地面呈90度；如果是商务休闲场合，可以斜放式双脚并拢，左侧或右侧均可，优雅端庄的形象，更加有助于营造和谐的交流氛围；社交场合的坐姿可以是挂壁式，也就是双腿相叠,双脚尖在一条线上,无论是在沙发椅或是高脚凳上,这样的坐姿都犹如一道优美的风景。

不同场合的坐姿,既要有美感,又要遵循自然大方的原则。腰部要保持挺拔,臀部坐在椅子的三分之二处。有人会问,如果累了,可以靠在椅子上吗?可以,但注意要坐满椅子,当有人和我们说话,要立刻前倾保持聆听状态。坐姿中,最忌讳的是一边跷二郎腿,还一边抖腿,简直大煞风景,无半点优雅可言。

气质的力量

10. 心中有爱，眼中有光

我常常在课堂上提问，初次见面的时候，你会关注对方哪个细节？

大多数人的回答不是服饰跟容貌，也不是语言，而是眼神。眼睛就像我们心灵的缩影，一个人的眼神反映丰富多彩的内心世界。冷漠、兴奋、沮丧、真诚、怀疑、鼓励、傲慢、敬佩、自卑……一目了然。如何让我们的眼神更加清澈友善而又充满自信？

很重要的一点是要有坚定的眼神，坚定的眼神是自信、信任、敞开心扉的表现，有很多训练的方法，拿出一张A4纸，用黑色的笔在纸中间画上一个黑点，放在眼前15厘米以外，眼睛一直盯住这个黑点，眼珠尽量不转动，直到眼睛酸胀甚至流泪，再看看镜子里面的眼睛——炯炯有神。或者你也可以盯着镜子去练习，反复训练改善我们眼神游离、不敢与人直视的习惯，久而久之，会让我们神采飞扬。

与人交流的时候，眼睛应该看向哪里？直勾勾地看人是很失礼的，我们的面部有三个三角区，眉眼三角区、鼻嘴三角区、颈部三角区，分别用在公务场合凝视、社交场合凝视和亲密关系凝视，凝视的时间也是有讲究的，过长或过短都不合适。

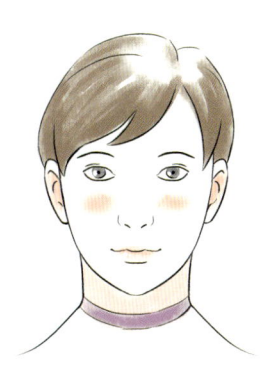

11. 微微一笑很倾城

如果问：一个女人最动人的表情是什么？相信很多人都回答，是微笑！

它像一缕春风，能让人精神矍铄，能拉近人与人的距离，如果你拥有了如婴儿般温暖纯粹的笑容，你将充满魅力。微笑需由心而发，心存美好与善念才会滋养出纯美的笑意，我把微笑分为五度：嘴角拉平为一度，嘴角充分上扬为二度，露出上面一排的牙齿为三度，露出两排牙齿为四度，露出牙齿后中间可放进手指为五度，哪一种微笑是最美的呢？一度太冷，四度、五度太过，我们可以对着镜子去练习，深深吸一口气，感觉自己正在闻花香，再缓缓地呼气,在那一瞬间,停留在二度,再到三度,此刻的微笑是最自然、最美的,反复训练会加强肌肉记忆,定格最美的笑容。

然而回归到内心的接纳、尊重与欣赏才是微笑的源泉。从现在开始,时刻保持润物细无声,你会发现周围的磁场会发生改变,身边的人会越发可爱,关系也越发融洽。一个爱笑的女人,运气不会太差,你的微笑无形中会吸引更多美好的事物靠近你。

12. 声音是灵魂的修容笔

不知道大家观察过没有,很多结婚多年的夫妻,但凡女方是嗓门大、语速快,习惯吧啦吧啦说一大堆话的,她的爱人眼里都是缺少热情的。反之,女方声音温柔,说话不紧不慢,听着像呢喃低语的女人,她的爱人眼里都是盛满笑意的。为何如此?

这就是声音的魅力!

一个好声音,加上一些发音技巧,运用一些说话艺术,可以无形中改变你与身边人的关系。随着现代女性意识的崛起,女人在男性面前已经不再是以前低眉顺眼的小媳妇了,但同时也让一些女人忘记了温柔的力量。声音就是其核心之一。

《道德经》云："天下之至柔，驰骋天下之至坚"，也就是我们常说的柔能克刚，正是对此最好的解释。在社交中，相信你更愿意跟一个言语和善、说话温柔的人接触，而非一个言语粗鲁、聒噪不停的人。

气质的力量

礼仪小贴士

1. 什么是礼仪

礼仪指的是使行为符合社会要求,以习俗、惯例确立的形式、方式或规定。具体由典章制度、风俗习惯、道德修养三者结合而成。自古以来,国家层面有国家层面的礼仪,包括像吉、凶、军、宾、嘉等。个人层面也有个人的礼仪,比如人生五礼:生、冠、婚、祭、丧等。中华礼仪,礼至之美。"礼"是中华传统文化的核心要素,是一种寓教于"美"的文明教化方式,是我们中华民族特有的人文传统。现代礼仪中,礼的核心为尊重,而仪则是表达尊重的一种方式,从形象、谈吐、举止等细节展现个人修养,我们本身也常常是内在涵养呈现在外的样子,可谓是内化于心,外显于行。

2. 谨记公众场合"八不雅"

社会为我们提供了一个共享的大舞台,在这个舞台上,我们每个人都有展示自己的权力,但也同时有一些最基本的规则需要我们恪守:①不要失声大笑。②不要滔滔不绝说个不停。③不要说长道短,背地里说别人坏话。④不要太过表露自己的情绪。⑤不要一贯奉行沉默是金的原则。⑥不要旁若无人地使用手机。⑦不要随手扔垃圾。⑧不要当众挖鼻孔或掏耳朵。

3. 站立时双手摆放有学问

女士站姿中手位一共有五种。第一种:垂手式手位,双手自然垂放于体侧。第二种:前搭式手位,双手叠放于体前，右手在外左手在内。第三种：仪式手位，双手叠放于肚脐处或上腹处。第四种：谈话式手位，双手掌心相对，握于肚脐处或上腹处。第五种，社交式手位：手指放松，拇指相合，自然捏握，手肘放松，前臂轻靠上腹部。

4.穿裙子的"三不美坐姿"

裙子是女性的最爱，无论是冬天还是夏天，都会有很多人选择裙装。但穿裙装要注意避免"三不美坐姿"：一不美：两腿开叉。这是女性最容易犯的一个错误；二不美：与人正面对着坐。不少女性很容易忽略这一点；三不美：跷二郎腿。很多女性无意识地会有这样一种"自显高傲"的姿态。

5. 敢于正视别人的眼睛

眼神一向被认为是人类最明确的情感表现和交际信号，在面部表情里占据主导地位。与人交谈，要敢于和善地同别人进行目光接触，这既是一种礼貌，又能帮助人们维持一种联系。谈话中不愿进行目光接触者，往往叫人觉得在企图掩饰什么或心中隐藏什么事；几乎不看对方，这是怯懦和缺乏自信心的表现，会使个人形象大打折扣。

6. 让微笑成为一种习惯

笑容是一种令人感觉到愉快的面部表情，它可以缩短人与人之间的心理距离，养成微笑的习惯，可以表明自己的心态良好，展现充满自信的状态，表示真诚友善的合作态度，展示乐业敬业的职场状态。微笑是社交礼仪的第一张名片。微笑发自内心，渗透着自己的情感，表里如一，才能被视为"参与社交的通行证"。

7. 调整你的声音，让它不疾不徐，发自内心

说话要做到和气、文雅、谦逊。声音太高会变调，太低显得压抑，太快让人心情急躁，太慢会让人急不可待。人们常说"礼直气柔"，即说话时，语速要不快不慢，能够掌握一个适度的节律。如果有条件的话，可以把自己的话录下来再仔细听，就会发现平时注意不到的盲点，这样经常检查，声音技巧就会有效提高。

8. 甩掉"我、我、我"的自恋语

你是否三句话就有一句会用"我"来开头,你是否总在用高高在上的姿态打量周围的每一个人,你是否认为能让你崇拜的人越来越少?如果是这样,你很有可能患上了自恋症,一定的自恋情结是正常的,但过度的自恋就是不自信,时刻把"我"挂在嘴上,其实内心是极度对自己没有信心,害怕失去别人的目光。打破自恋,从甩掉"我"的自恋语开始。

9. 发型不好,整体不好

著名的造型师吉米说过:"人们穿衣服随意一点可以,但是发型是整个精神面貌的焦点,就一定不能马虎。"发型建议请专业发型师进行设计,当发型确定后,要注意运用梳理来给自己扬长避短。圆脸:6∶4偏分会使脸看上去更窄一些;长脸:7∶3偏分,使脸看上去更宽一点;方脸4∶6偏分,头部正面头发要尽量松软。

10. 女人的格调品位跟她佩戴的首饰多少成反比

首饰可以提升一个人的气质,但运用首饰体现自己独特的女人味时,却也容易忽视一条:把不同质地、不同风格的首饰统统都戴在一起。这样不伦不类的搭配会给人一种俗气的感觉,即使是再好的珠宝和钻石,把它们通通放在一起也就失去了其本身的意义。佩戴首饰需要遵循"简即是美"的原则,画龙点睛往往才是神来一笔。

11. 对重要客人，不要使用一次性纸杯

无论是普通客人还是特殊客人，"一视同仁"地使用一次性纸杯待客，从礼仪方面来讲，这个细节对于重要客人是一种怠慢。重要的商务接待，要使用干净的精致茶具；茶水和茶叶要适量，即俗话所说"满酒半茶"；端茶也要得法，应该双手给客人端茶。这样下来，既讲究卫生，又显得彬彬有礼。

中篇　待人

商务与优雅的邂逅

气质的力量

13. 商务交往中的"见面礼"

在商务交往中，交易双方可能相互之间并不了解，这时，个人形象往往成为企业形象的代表。

在商务活动中，一方往往通过对方的仪容仪表、举止言谈来判断对方，并通过对方来分析他(她)所代表的企业的可信程度，进而影响与其交往的程度。由此可见，在商务活动中，双方人员的高尚道德情操、彬彬有礼的

言谈举止、渊博的知识、得体的礼遇，都会给对方留下深刻的印象，并对企业产生好感，从而减少谈判阻力，推动交易成功。

我的学员中很多都是职业女性，经常要面临商务交往，如何在交往中在对方心中树立自己良好的形象，从而提升信任度，成为她们学习的关注热点。

"见面礼"是商务交往中的一项重要礼仪。见面礼仪主要包括介绍礼仪和握手礼仪。介绍一般是双方主谈各自介绍自己小组的成员。顺序是女士优先，职位高的优先。称呼通常为"女士""小姐""先生"。

握手是中国人最常用的一种见面礼，也是国际上通用的礼节。握手貌似简单，但这个小小的动作却关系着个人及公司的形象，甚至影响到谈判的结果。

①握手的力度。中国人初次见面,通常是握到为止,一般不会过重。而欧美国家的人则喜欢用力握对方的手,握得太轻则被认为是软弱、没有信心的表现。

②握手的时间。握手的时间不宜太长,也不宜太短,国际上通用的标准是三秒钟左右。但老朋友重逢,或谈判中达成了一项重大协议,或谈判成功签字后,握手的时间可略长。

③握手的顺序。社交场合女士先伸出手,商务场合职位高的先伸手,也可以是主人先伸手。

④握手时伴随的动作。握手时,双眼要正视对方,面带微笑,以示致意;不可东张西望,或面无表情。东张西望显示心不在焉,面无表情显示不友好,二者都缺乏对别人的尊重。

当然,在有些国家见面时并不握手,譬如日本常采用鞠躬的方式,泰国采用双手合十的方式,法国人采用亲吻的方式,阿根廷人不仅亲吻而且拥抱,男人亲吻女人,女人亲吻女人，但男人不亲吻男人。而在大多数非洲国家中，人们习惯用身体打招呼——长时间地把手放在客人的肩上。至于采用何种见面礼仪，应视不同文化而定，入乡随俗是上策。

14. 自我介绍的"1分钟法则"

一个人的言谈所体现的内在素养和魅力是外貌难以取代和逾越的,在商务交往中,人和人见了面首先要自我介绍,请大家一定要重视它。恰当的介绍会给对方留下良好的第一印象,体现个人的谈吐智慧,便于沟通的顺利展开,它是商务交往礼仪中亮相的第一步。

这里我们可以假设自己是一名职业女性,出席商务场合,该如何介绍自己呢?

(1)时间长度

首先,自我介绍的时间,根据人的集中精力的时间长度,一般控制在1分钟以内为宜(有的说3分钟以内,要根据场景应变）。时间太长了，人们无法集中精力，后面讲得再多，大家也记不住。

（2）三段式介绍

把 1 分钟介绍和展示自己分为三个环节：

介绍姓名，15 秒；

介绍所在公司，15 秒；

介绍产品特色，30 秒。

从个人名字到单位再到产品特色,整体非常清晰,容易让人把握节奏,不会胡言乱语、乱了分寸。

第一段:介绍姓名

姓名是自我介绍的第一个环节,也是非常关键的环节。要让大家记住你,可得在姓名介绍方面下一番功夫。如果大家记不住你,效果自然会大打折扣。

特色的自我介绍可以让别人一下子记住你,常用的方法:比如积极意义法、故事法、名人法、谐音法、地名法、调侃法等,大家可以参考。

第二段:介绍单位

要介绍单位所在的行业、主营业务、行业地位等,让别人知道你们单位是干什么的就行,不必太过详细。

第三段:介绍产品

在这个重要部分,我们要有"利他思维",这样才是有智慧的表达方式。核心是要思考我可以为别人带来什么。现代人时间那么宝贵,参加这个商业活动,如果你的介绍不能给他带来什么好处,别人肯定也不会去关注你,更不用提商业机会了。所以关键环节就是根据参加本次商务活动人们的特点，有针对性地介绍产品特色，给大家留下深刻印象。或者你有特殊能力、资源的，也可以作为特色介绍，以吸引大家的关注。

自我介绍的本质是一个建立连接的过程，建立自己和一个关系网络的连接。如果再深入一步，自我介绍是价值网的连接过程，展示自己的价值，获悉对方的价值，进行匹配和连接。我们可以把自我介绍比喻成如何把自己营销出去的过程，这一点对企业家、职场精英尤其重要。

机会只"光临"有准备的人，上述1分钟自我介绍，要长时间练习，稳妥起见，可以用笔写下介绍词语，不断练习、朗诵，背得滚瓜烂熟，直至随时可以应景发挥。

15. 商务拜访中的开场说话技巧

在工作中,我们常常会为了某些特定目的,进行商务拜访会晤。访晤的过程中,我们的聊天、询问等谈话方式,会直接影响着最终能否实现会晤目的,而这是有一定规律可循的。下面我们来学习一下商务拜访中的开场说话技巧。

(1)情景:初访 & 重访 & 回访

A. 初访者

如果你是初访者,一般可以用这样的话打招呼:

"一直想来拜访,今天如愿以偿了!"

"初次登门,就劳您久等。"

还可与有关的祝贺、酬谢内容联系起来。如：

"一直没有机会登门，今天给您拜年来啦！"

同样的技巧，也可应用到重访、回访中：

"好久不见，借你走马上任的东风，给老朋友贺喜了！"（重访）

"上次××事，劳你大远地赶来，叫我一直于心不安……"（回访）

B. 重访者

如果你是重访者，可打招呼、不必多礼，一般只需简单几句，如：

"我们又见面了，我上次来，是一个月以前吧？"

关系比较密切的，可以开个玩笑，也不失幽默感，如：

"我又来了，是不是都烦啦／想我了没？"

C. 回访者

回访者大多是出于礼仪或答谢，所以打招呼时，要时刻考虑这个特点。通常你可以这样说：

"上次劳您跑了一趟，我今天登门拜谢来了。"

"您上次刚走，我就想，无论如何要到府上再谢谢您！"

一般说来，初访和重访目的性较强，回访大多属于礼仪性或事务性的访晤。因此初访、重访、回访的进门开场，还要从礼仪性、事务性、随意性方面加以考虑。

（2）侧重：礼仪＆事务＆随意

A. 礼仪性访晤

大多与祝贺、酬谢等有关。进门语每每要同有关的祝贺、酬谢等内容联系起来。

比如走访某单位时，可以说：

"恭喜贵司荣获××最佳企业奖啊！上次见还是……时候呢。"

某人高升：

"××科长/主任，听闻您荣升……，上次见您，我就觉得您肯定能高升。"

B. 事务性访晤

如果去做事务性访晤，进门开场语就要从本次访晤的目的上去多考虑一点。首先在说明来访目的、希望配合的

事项前,还需阐明身份:

"您好,非常不好意思打扰您,我是……,这次来是希望向您了解……情况。"

但初访一般不宜如此"开门见山",进门语应多注重礼节,"己求人"或"人求己"的话语既不必过于谦虚,亦不可傲慢无礼,要体现出良好的职业修养。

C. 随意性访晤

随意性访晤一般是私人访晤,因双方关系比较密切,相对无拘束,所以进门语可有可无。需要考虑的一点是,如准备了刻意的"开场白",需要根据实际情况来判断是在门外说还是进屋说。避免进屋落座后,刻意的准备反而让双方关系显得疏远。

16. 会议礼仪之座次安排

公司大型会议或政府会议筹备，首先涉及的会议问题是如何安排座位。不要小看了一个小小的座位，安排起来可有不少的礼仪学问。在接待中，如果座次安排不当，就等于没有一个好的开始。因此，不要小看一个小小的座位，里面还有不少学问。

那么，究竟该如何安排座位呢？其实，最重要的一点是弄清楚被接待者的身份地位，然后根据其重要性按照"数字顺序"依次安排入位。这样才不会显得失礼，而且也表现了东道主良好的素质以及礼仪修养。

（1）主席台座次安排

主席台必须排座次、名签，以便领导对号入座，避免上台之后互相谦让。

领导为单数时：主要领导居中，2号领导在1号领导左手位置，3号领导在1号领导右手位置。依此类推。

领导为偶数时：1、2号领导同时居中，2号领导依然在1号领导左手位置，3号领导依然在1号领导右手位置。依此类推。

（2）几个机关的领导人同时上主席台

通常按机关排列次序排列。省里领导座次在前，如

某省局二把手座次在某市常务副市长前。但也可灵活掌握，不必生搬硬套。如对一些德高望重的老同志，也可适当往前排，而对一些较年轻的领导同志，可适当往后排。

另外，对邀请的上级单位或兄弟单位的来宾，也不一定非得按职务高低来排，通常掌握的原则是：上级单位或同级单位的来宾，其实际职务略低于主人一方领导的，可安排在主席台适当位置就座。这样既体现出对客人的尊重，又使主客双方都感到较为得体。

（3）落实出席会议的领导人数

领导到会场后，要安排至休息室稍候，再逐一核实，并告之上台后所坐方位。如主席台人数很多，还应准备座位图。如有临时变化，应及时调整座次、名签，防止主席台上出现名签差错或领导空缺。还要注意认真填写名签，谨防错别字出现。

（4）会后宴请领导

宴请领导，一般领导在主位，在面对房门的位置，主陪在领导右手，2号领导在1号领导左手，主客双方交叉依次坐开。若领导与主陪职位一样,一般主陪在主位,1号领导在主陪右手,副主陪在主陪左手,主客双方交叉依次坐开,主陪的对面应坐主陪方人员,其他可随意。

(5)签字仪式的座次安排

签字双方,主人在左边,客人在主人的右边。双方其他人数一般对等,按主客左右排列。

从古至今,"让座与人","坐、请坐、请上坐",都是接待礼仪中备受关注的重要内容。为被接待者安排座次时,不仅要重视运用具体的礼仪,而且不能忽视对方的地位高低等细节,从而为会议圆满做好前期铺垫。

气质的力量

17. 善用你的优雅"电波"——电话礼仪

电话是现代生活中最常见的通信工具,在商务活动中,我们往往能通过电话粗略判断对方的人品、性格,而对于素未谋面的客户,电话也可以展示给对方最重要的第一

印象。

下面让我们来学习电话礼仪的"七要素"。

（1）要有喜悦的心情

打电话时我们要保持良好的心情，这样即使对方看不见你，也能被你欢快的语调所感染。由于面部表情会影响声音的变化，建议你微笑着接电话，即使在电话中，也要抱着"对方正在看着我"的心态去应对。

（2）清晰明朗的声音

打电话过程中绝对不能吸烟、喝茶、吃零食，即使是懒散的姿势对方也能够"听"得出来。如果你打电话的时候，弯着腰躺在椅子上，对方听到你的声音就是懒散、无精打采的，若坐姿端正，你所发出的声音也会亲切悦耳，充满活力。因此，打电话时，即使看不见对方，也要当作对方就在眼前，尽可能注意自己的姿势。

（3）迅速准确地接听

听到电话铃声，应准确迅速地拿起听筒，最好在三声之内接听，两声最佳。电话铃声响一声大约3秒钟，若长时间无人接电话，或让对方久等都是很不礼貌的，你的单位也因此会给他人留下不好的印象。如果电话离自己很远，附近没有其他人，听到电话铃声后，我们也应该用最快的速度拿起听筒，如果电话铃响了五声才拿起话筒，应该先向对方道歉。

（4）重要的第一声

当我们打电话给某单位，若一接通，就能听到对方亲切、温暖的招呼声，心里一定很愉快，双方对话也能顺利展开。在电话中，只要稍微注意一下自己的行为就会给对方留下完全不同的印象。同样说："你好，这里是××公司"，但声音清晰、悦耳、吐字清脆，就会给对方留下好的印象，对方对其所在单位也会有好印象。

（5）了解来电话的目的

上班时间打来的电话几乎都与工作有关，公司的每个电话都十分重要，不可敷衍，即使对方要找的人不在，也切忌只说"不在"就把电话挂了。接电话时也要尽可能问清事由，避免误事。我们首先应了解对方来电的目的，如自己无法处理，也应认真记录下来，委婉地探求对方来电目的，就可不误事而且赢得对方的好感。

（6）认真清楚地记录

随时牢记 5W1H 法，所谓 5W1H 是指：

When 何时

Who 何人

Where 何地

What 何事

Why 为什么

How 如何进行

在工作中这个方法对打电话、接电话具有相同的重要性。电话记录既要简洁又要完备，记录后可以简单地向对方复述一遍，尤其是关键信息，以免出现信息不准确的现象。

（7）结束电话时的礼貌

要结束电话交谈时，一般应当由打电话的一方提出，然后彼此客气地道别，说一声"再见"，等对方先挂电话我

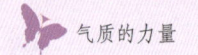

们再挂电话，不可只管自己讲完就挂断电话。

电话礼仪，不仅体现于职场，日常的每个电话都需要注重礼仪。礼仪无处不在，细节打动人心，让电话礼仪给你的商务形象加分！

打造你的高级职场范儿

18. 日常办公室相处的礼仪细节

办公室是一个人员云集，体现职场专业性与效率的场所，办公室礼仪代表着一个企业的文化，体现着员工的精神面貌和良好的职业素质，能够赢得大多数人的尊重和好感，有助于营造良好的工作环境与融洽的人际关系。

成功的职业生涯并不意味着你必须才华横溢，更重要的是在工作中你要有一定的职场策略，用一种恰当合理的方式与人沟通和交流，这样你才能在职场中赢得别人的尊重，才能在职场中获胜。

大礼不辞小让，细节决定成败，下面我们一起来看看办公室的礼仪细节。

①微信沟通工作，能发文字就别发语音，能一整段文字叙述就别一句一句往外蹦，能尽量精练就别啰里啰唆，能考虑周全就别事后找补。因为大家都挺忙的。

②不是足够了解和熟悉的同事，不要拿对方的缺点开玩笑，因为你无法判断他是不是在意。不要当众让别人尴尬、下不来台没面子，否则就是树敌给自己找麻烦。

气质的力量

③选择题没那么难,不要老说"随便",他是你同事不是你男朋友,没义务给你惊喜。别人说话的时候不要插嘴,让对方把话讲完,是一种礼貌更是一种修养。

④能说"我不知道"就别说"我怎么知道",能回答"是的""没错"就别回答"你说呢",能说"好的""可以""我知道啦"就别说"嗯",不要说"又怎么了"等不耐烦的话。

⑤多用礼貌用语,"请""谢谢""对不起",礼多人不怪。如果你不想被辞退,少说这三句话:"我不知道""这不归我管""我没有办法"。

⑥别人和你说话的时候,放下手中的事看着对方,这是最起码的尊重。你和别人说话的时候,用"我讲明白了吗"代替"你听懂了吗"。

⑦能自己做的事,最好不要麻烦别人。别人找你帮忙,如果做不到请明确拒绝,不要轻易许诺。记住,成年人的世界里,没有爽快地答应就是拒绝,不要再勉强了。

⑧少说"我不行",领导安排工作,同事找你帮忙,

肯定都是有"你能行"的预期,你说干不了就等于在推脱。

⑨不要一推门就问领导"怎么办",即便求助也要先拿出你的解决方案,否则只能代表你又笨又懒非常无能。

⑩不在背后说别人的坏话,你说的坏话他早晚会知道,除了制造恩怨没有任何价值。与其埋怨别人,不如经常反省自己。

⑪过分直率和"没脑子"差不多,任何一个成熟的白领都不会这样"直率"。自己的生活或工作有了问题,应该尽量避免在工作场所里讨论。

"人无礼则不立,事无礼则不成"。把礼仪放在心上并且认真去践行的人,运气肯定不会差。在职场中,礼仪是人际关系的"润滑剂",注重礼仪细节,会使你成为人见人爱的情商高手,工作效率也会因此事半功倍。

19. 微信沟通礼仪，你了解吗

当今社会，微信已经取代短信、电话，成为工作中最常用的沟通方式之一。微信礼仪也成为礼仪领域的新概念。

学会优雅地使用微信工作，能让你在职场上提升效率，事半功倍。

很多职场人士没有基本的微信礼仪意识，认为微信不过是一个聊天工具，觉得使用时不要过于拘束，开放一些还能快速拉近彼此之间的距离。可是在职场里，大家打交道的可不只是和你我一样活泼可爱的同龄人，还有久经职场的前辈们。将商务礼仪运用到微信这个网络世界，才能快速拉近彼此的距离，从而更有效地开展工作。

微信沟通的三个基本原则：

原则一：只提建议，不提意见（意见要么不说，要么当面说、当面解决）。

原则二：说清楚需要对方做什么、采取什么行动。

原则三：找别人之前自己先理清 3 个问题：

①问题是什么。

②我的建议是什么。

③需要对方帮忙做什么。

让人立即喜欢你的微信用语：

哦哦、嗯嗯、好的、是的、哇~

让人立即喜欢你的微信表情符号：

😍 🤭 😄 😁 😆

让人不喜欢的微信用语和微信表情符号：

呵呵，🙂

一对一沟通时：

①尽量用文字不要用语音。

因为太不方便了。如果在吵的地方或安静的教室，放耳朵边上听一句，再点下一句，这是让人发疯的节奏。而且太浪费时间了，不可以扫读，也没法跳读，霸气如我，通常选择不读。

②超过一屏的文字不要直接发。

可以用链接或分成大约一屏一段再发，或者段与段之间隔两行留白（手机输入法不能换行的请忽略这一条）。

③直奔主题。

不要问"在吗？""现在方便吗？""老师，我请教你个问题"之类的。

④有事情请教别人，不要让第三方转述，要直接表达。

最好是请别人出来吃饭慢慢谈，不要微信三言两语地说。

对收到的诸如恶意找碴的、恶意的广告信息，你也可以选择秒删。正常信息需30分钟之内回复，最起码保证不让信息过夜，否则会让人感受到不被尊重。

微信沟通越来越成为我们判断一个人品行的重要标准之一，微信聊天也反映着你的个人礼仪。周到的表达，是网络社交的基本礼仪，表达到位了，别人会从字里行间感受到你的善意、人品及情商，对方跟你打交道也许会更有如沐春风之感，感到更被尊重，也会从心里觉得"这人挺靠谱"。

20. 邀请礼仪，郑重而优雅

邀请比约会更具礼节性质。一个人或一个单位，要举行某项礼仪活动，应当考虑周到、全面。只要是合适的，都应当尽量邀请到，即使明知对方不能前来，也要邀请一下，因为邀请具有礼节意义。

对邀请者而言，发出邀请，如同发出一种礼仪性很强的通知一样，不仅要合乎礼貌，取得被邀请者的良好回应，而且还必须使之符合双方各自的身份，以及双方之间关系的现状。我们需要关注以下几个要点。

①正式邀请用书面形式。邀请有正式邀请与非正式邀请之分。正式邀请，既要讲究礼仪，又要设法使被邀请者

气质的力量

备忘，因此，多采用书面的形式。如请柬邀请、书信邀请、传真邀请、便条邀请等。非正式邀请，通常是以口头形式来表现的，也有当面邀约、托人邀约以及打电话邀约等不同的形式。

②请柬邀请档次最高。在正式邀请的诸多形式中，档次最高、也最为各界人士所常用的当属请柬邀请。请柬又称请帖，一般由正文、封套两部分组成。无论是购买印刷好的成品，还是自行制作，在格式与行文上都应遵守成规。请柬的形状、样式不同，大小也不等，邀请者可根据请柬的内容自行设计。

③请柬内侧不要用黑色。封

面通常讲究采用红色，并标有"请柬"两字。请柬内侧，可以是红色，也可以是其他颜色，但不可用黑色。在请柬上亲笔书写正文时，应使用钢笔或毛笔，并选用黑色或蓝色的墨水或墨汁。红色、紫色、绿色、黄色以及其他颜色鲜艳的墨水最好不要使用。

④请柬行文不用标点符号。在请柬的行文里，通常必须包括活动形式、活动内容、活动时间、活动地点、活动要求、联络方式以及邀请人等内容。中文请柬行文不用标点符号，所提到的人名、单位、节日名称等都应用全称。请柬信封上被邀请人的姓名、职务要书写准确。所举办活动如对服装有要求的，应注明是正式服装还是便服。如已排好座次，应在请柬信封下角注明。

⑤请柬提前一至两周发出。请柬一般提前一至两周发出，以便被邀请人及早安排。已经口头约好的活动，补送请柬时，要在请柬的右上方或右下方写上备忘字样。需要安排座位的活动，请柬上一般写上"请答复"的字样。如果只需要不出席者答复，则可写上"因故不能出席者请

答复"。

⑥口头邀请和亲自邀请视时而定。口头邀请的方式比较自然,常用于相互比较熟悉的亲朋好友。邀请者可以在休息时间或平常日的晚上到被邀请者家中亲自邀请,以示郑重。也可打电话邀请,这种方式比较灵活,既可节省时间,又可马上知道对方的意见。

了解了这些有关邀请的礼仪和禁忌,再加上真诚的邀请,对方怎会不欣然接受呢?

21. 记住四点,让你与上司更好相处

人在职场,不仅要和同事搞好关系,更要和上司相处好。因为你的薪资、升职等都与上司有密切的关系。如果你想让自己的职业之路走得更加顺畅,更加宽广,那么你就必须学会和上司相处的礼仪。

在和领导相处时,要注意自己的言谈举止和工作中的细节问题,越是随意的场合越要多加小心。"当事人无心,旁观者有意",很多上司都信奉"见微知著"的四字箴言,他们认为这些生活中的旁枝末节会暴露一个人的性格品质。

上下级要保持一个和谐、融洽的关系,需要注意以下四点:

（1）不能"越位"

在职场中，权力代表着一种威严。

虽然被领导者与领导者之间不存在不可逾越的鸿沟。但是，社会客观上却赋予这两者以不同的社会地位。就被领导者来说，在工作上，不能越权。如果下级替代了上级，就会带来工作上的混乱。

（2）摆正关系

摆正关系是搞好上下级关系的前提。

也许有人会说，与上级相处就是服从、服务于领导，完成其交办的任务。其实，远非如此。作为被领导者来说，如果过傲，易把关系搞僵；过卑则不能建立正常的关系；过俗易把上下级关系搞成权钱关系；过媚易使正直的上级感到讨厌、恶心。因此，被领导者的正确做法是动机要纯，心术要正。对领导既热情又不过火。

在工作上严格摆正与领导的关系。作为下级要积极表现、勤奋工作，可隔一段时间主动向领导征求意见，针对自己的不足努力改进，这样坚持不懈，必将成为领导的得力助手，在事业上携手共进。

（3）提高执行力，支持上级

被领导者若想让领导满意，最重要的前提就是具有完成本职工作的能力，能够出色地完成任务。如果被领导看成是无能、愚蠢、懒惰之辈，这对工作是很不利的。

除做好本职工作之外，还要当好领导的参谋。"参谋"

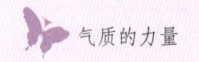

重在"参与"。被领导者要主动出谋划策,为本单位的发展,多出工作点子,提合理化建议。特别是当领导在工作或生活中碰到麻烦和难题时,下级要挺身而出,为上级分忧解难;当领导遇到难处时,下级若能体会到领导的处境,理解其难处,会令其格外感激。

这样,上级既不会忘记"患难之交"又认为你是他的"高参",是他的得力助手。否则,领导会认为你是一个无知无识、无能无情的平庸之辈。

(4)把握好与领导说话的礼仪

在与领导交谈,除遵循一般礼节外,还要注意把握与领导谈话的场所、时机以及领导的心情等因素,应从容、自然、亲切、谦虚,切不可锋芒毕露、咄咄逼人,或哗众取宠、低三下四。

总之,在工作中,作为下属,都应清楚地知道上司之所以成为你的上司,肯定有过人之处,我们都应以尊重、诚信、理解的基调来与上司相处,遵守合乎自己身份的礼仪,讲究相处之道。

优雅于形，温暖于心
——社交礼仪

22. 合适的社交距离

心理学家发现，任何一个人都需要在自己周围有一个自己能够把握的自我空间，人际交往只有在这个允许的空间和限度内才会显得自然而安全。学者们曾经对中国人讲话时交谈者之间的距离做过调查，发现在朋友、熟人间进行个人交谈时，双方的距离在0.5~1米之间，一般社交活动中双方的距离在1.5米左右，而某人对着人群讲话时，距离一般都在3米以上。

假如在交流会上，讲话时浑然不觉地跟客人距离太近，会让他在心理上感觉不适。社交礼仪距离是非常有必要去了解的。根据国际通用惯例，社交距离一般分为4种。

(1)亲密距离

0~0.5米为亲密距离。这是恋人之间、夫妻之间、父母子女之间以及至爱亲朋之间的交往距离。亲密距离又可分为近位和远位两种。

近位亲密距离在0~0.15米之间。这是一个"亲密无间"的空间距离，在这个空间内，人们可以尽情地表现爱抚、安慰、保护等多种亲密情感。人们可以彼此肌肤相触，能直接感受到对方的体温和气息。恋人之间极希望处于这样的空间，在这样的空间里，双方都会感到幸福和快慰。远位亲密距离大约在0.15~0.5米之间。这是一个可以肩并肩、手挽手的空间，在这个空间里，人们可以谈论私事，说悄悄话。

在公众场合，只有至爱亲朋才能进入亲密距离这一空间。在大庭广众面前，除了客观上十分拥挤的场合以外，一般异性之间是绝不应进入这一空间的，否则就是对对方的不尊重。即使因拥挤而被迫进入这一空间，也应尽量避免身体的任何部位触及对方，更不能将目光死死盯在对方

的身上。

（2）社交距离

0.5米~1.5米为社交距离。在这一距离，双方若把手伸直，还可能相互触及。由于这一距离有较大的开放性，亲密朋友、熟人交谈可选择这个距离。

（3）礼仪距离

1.5米~3米为礼仪距离，人们在这一距离时可以打招呼，如"刘总，好久不见。"这是商业活动、国事活动等正式社交场合所采用的距离。采用这一距离主要体现交往的正式性和庄重性。在一些领导人、企业老板的办公室里，其办公桌的宽度会在2米以上，设计这一宽度目的之一就在于领导者与下属谈话时可显示出距离与威严。

（4）公共距离

3米之外为公共距离，处于这一距离的双方只需要点头致意即可，如果大声喊话，是有失礼仪的。

在公共活动中，根据公共活动的对象和目的，选择和保持合适的距离是极为重要的。每一种距离适合不同的礼仪场景，例如在商务场合使用社交距离，就会让对方心生排斥，造成沟通的障碍。了解社交距离，能让我们的沟通更高效。

23. 有效倾听"四不要"准则

马歇尔·卢森堡在《非暴力沟通》中指出，在人们清醒的时间里，有百分之八十的时间在用来进行人际沟通，这其中又有百分之四十五的时间用于倾听。可见一个人的人缘在很大程度上取决于他倾听的能力。

善于倾听的人，用无声的言语激励着失意中的亲人、朋友砥砺前行。有人说，它的力量，等同于一个爱的拥抱，强大并深入人心。对此我深以为然，温言相劝固然好，但给彼此一点静默的时光，眼神里透露出的"不必多说，我懂"的关怀与默契，却比任何语言都要来得贴心温暖。

很多时候，与其先学会说话，不如先学会倾听。

俗话说："会说的不如会听的。"学会倾听，是职场最重要的事，没有之一。在与人沟通时，常常会出现这样的情景：别人刚说个开头，有人就迫不及待地插嘴，自认为更有发言权，其实只是一知半解，说不到点子上。

很多人之所以没有办法倾听他人，就是太专注于倾泻自己的情感和诉求，在很多场合下，这不仅仅是不体贴、不善解人意的问题，甚至会让人感觉到自己不被

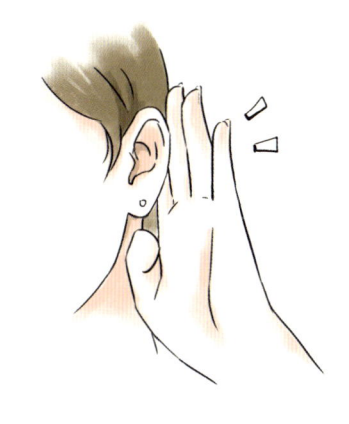

尊重。

其实,只要有意识地为他人考虑,尊重别人表达自我的权利,倾听真的没有那么难。在聆听别人说话时,要做到"四不要"准则,这样的聆听才能赢得别人的赞赏和好感。

①不要一味地表现自己而忽视别人。与人交流时,不能滔滔不绝地说个不停,而应认真地聆听对方说话。做个好听众是一门艺术,也需要耐心。

②不要感情用事与别人争辩。在聆听别人谈话的过程中,或许会有一些话令你感觉不舒服,但这时千万不要因为自己的情绪而向别人发火或争辩,这是聆听别人谈话最大的禁忌。所以,即使你很生气,也要耐心地等待对方讲完,再心平气和地说出你的想法,这样才不失君子风范。

③不要无端地打断别人的谈话。聆听的过程中,要学会适时插话。每个人都喜欢别人从头到尾安静地听自己把话说完,而且更喜欢被引出话题,以便借此展示自己的价值。所以,交谈时要专注于对方所讲的话,等对方讲完以

后自己再说话。

④不要有意无意地摆弄一些小玩意儿。聆听别人谈话,就要专心致志,不要摆弄一些小玩意儿,比如眼镜、钢笔或是与聆听无关的东西,更不要去看窗外的风景等,不然会给别人不礼貌的感觉。

与人交往中,更多的时候,默默无声比有声更为动人。如果你留心生活,就会发现,那些人缘好的人、家庭和睦的人、在事业上有所建树的人,通常不是因为他有多么幽默风趣,而是能静静地听完每个人的话。

学会倾听就是对别人极大的尊重,也是真心实意关心别人的表现。"四不准"原则可以为我们设定边界,学会倾听。

气质的力量

24. 如何优雅地赴一场剧院约会

剧院作为一种公共文化空间,是人们交往、相遇的体验场。一场演出也不仅仅是文化娱乐,更是能引发人生思考的起点和释放自由的出口。只有大家都遵守礼仪、文明观演,我们才能好好欣赏艺术,获得最佳观演体验。如何优雅地赴一场剧院约会呢?有以下几点需要特别强调。

①衣着:衣着必须整齐,不可穿着拖鞋、短裤等过于随便的衣服,男士可穿正装或者长衣裤,有时需要穿西服打领结,不戴帽子。女士可穿长裙,但不能穿运动装,这些都是对自己和演出者以及其他观众的尊敬,也是自己良好修养的体现。

②入场：剧院一般在开场前十五分钟开始检票入场，最好能够在这期间进入剧院寻找座位。如果迟到了，应等到幕间休息时入场，尽量不打扰他人，遇他人让路应道谢。如果熄了灯后进入剧院，要等眼睛适应了之后再进去，应该向周围的人低声询问，并欠身表示歉意，说"谢谢你"或"对不起"。或者要求剧院工作人员带你进入。在经过陌生人旁边时，不要将手提包等东西从前面观众的头上拖过去。

③评论：听音乐会时，喝倒彩是最为不雅的行为。

即使您对某个节目不满意,也不要与身边的观众相互低语,对节目评论,应在演出结束退场后再进行。

④鼓掌:鼓掌是听音乐会一个很大的学问,适当的掌声是观众对演奏者的回应,但是过于热情或是不合时宜的掌声则会扰乱演奏者的情绪。

一般来说,在乐章之间不能鼓掌。一首交响乐曲通常分为四个乐章,但它们仍然是一个整体,因此应该把它作为连贯的整体来欣赏。在乐章之间,也就是说作品整体还没有结束的时候,应该继续欣赏。当指挥的手仍然举起在空中,表明音乐还没有结束,即使音乐结束,还应该有一段回味的时间。所以,音乐结束三五秒钟之后,掌声如潮水般涌起,才是最高境界。

⑤献花:要征得同意。一般情况下,演出进行时观众不能随意向演员献花,如有特殊情况要求以个人的名义向演员献花,应事先与剧场工作人员联系,由工作人员安排献花活动。

⑥幕间休息:当灯光忽明忽暗地闪烁几次时,就意味

着节目在 5 分钟之内即将重新开始，此时应该立刻回到座位上去。

剧场内的空间有限，观众应当行为有度，不随意超越自己的空间，比如把腿跷到前排座位上、乱扔空饮料瓶等行为都会干扰其他人。

⑦退场：为表示对艺术家的尊敬和不影响他人正常观剧，如无特殊情况不要提前退场，如因特殊情况中途需要离开现场，应当在两支曲子之间的间隙轻轻退场。观众在离开现场时不要把椅子弄出过大响声，更不要把垃圾留在座位上，可在进场时随身带一个小袋子，演出结束后把节目单、空饮料瓶等垃圾装进袋子里带出场外，丢到垃圾箱里。

做到以上七点，你就是合格的淑女、绅士了！

25. 不可不知的鲜花馈赠礼仪

馈赠是人们在交往过程中通过赠送给交往对象礼物，来表达对对方尊重、敬佩、友谊、纪念、祝贺、感谢、慰问、哀悼等情感和意愿的一种交际行为。鲜花是人们常使用的馈赠佳品。那么，关于鲜花馈赠的礼仪你了解多少？下面一起来看看吧。

按照我国民间风俗，凡花色为红、橙、黄、紫的暖色花和花名中含有喜庆吉祥意义的花，通常可用于喜庆事宜；而白、黑、蓝等寒色偏冷气氛的花，大多用于伤感事宜。

通常情况下，喜庆节日送花要注意选择艳丽多彩、热情奔放的；致哀悼时应选淡雅肃穆的；探视病人要注意挑选悦目恬静的。

春节期间,给亲友送花要选带有喜庆与欢乐气氛的剑兰、玫瑰、香石竹、兰花、热带兰、小苍兰、仙客来、水仙、蟹爪兰、红掌、金橘、鹤望兰等,具体送哪种还要根据对方爱好和正在开放的应时花而定。

祝福长辈生辰寿日时，可依老人的爱好选送不同类型的祝寿花，一般人可送长寿花、百合、万年青、龟背竹、报春花、吉祥草等；若举办寿辰庆典可选送生机勃勃、寓意深情、瑰丽色艳的花，如玫瑰花篮，以示隆重、喜庆；祝贺中年亲友生日，可送石榴花、水仙花、百合花等。

祝贺生产，适合送色泽淡雅而富清香的花，象征温暖、清新、伟大。

热恋中的青年男女或友人新婚祝贺，一般要选送红色、朱红色或粉红色的玫瑰花、郁金香、火鹤花、热带兰配以文竹、天门冬、满天星等；或选用月季、牡丹、紫罗兰、香石竹、小苍兰、马蹄莲、扶郎花等配以满天星、南天竹、花叶常春藤等组成的花束或花篮，既寓意火热吉庆，又显高雅传情，象征新婚夫妇情意绵绵、白头偕老、幸福美好。

慰问探视病人，要依病人脾气禀性而异。性格活泼的，可选用唐菖蒲、玫瑰，恬静又具有幽香的兰花、茉莉、米兰等盆花。

庆贺开业庆典或乔迁之喜,应选择瑰艳夺目,花期较长的花篮、花束或盆花,如大丽花、月季、唐菖蒲、红掌、君子兰、山茶花、四季橘等,以象征事业飞黄腾达,万事如意。

鲜花种类繁多,在礼物的选择上,只要我们熟悉鲜花礼仪,尽可以在更大范围内选择鲜花来表达自己的心意。但如果赠送外国友人,若不了解西方人的送花礼俗,送花不当,就会产生难以想象的误会。

对西方人来说,花的数量、品种以及颜色都有明确的象征含义,在选花时一定要根据送花目的和场合详细了解。在西方送花的礼仪中,有几种忌讳是相同的。

送花前要数数花枝数目,要成单不成双,成双会被认为导致厄运。

切忌送菊花。菊花在任何欧洲国家以及日本,都只用于万圣节或葬礼,它代表着忧伤,不宜送人。

不宜送黄色的花。在法国,黄色的花象征夫妻间不忠贞；在墨西哥，则表示去世。

不能送白花，特别是红白相间的花。对英国人来说，白色的百合花表示去世。

赠人玫瑰，手有余香，学习鲜花礼仪，才能更好地传递爱。

26. 探望病人，好问候胜三冬暖

前往探访住院的亲友，也是人际交往的基本礼节，但是兼顾人情之余，也要注意勿干扰病人的情绪，给予关怀祝福，但不可增加别人的精神负担。

看望病人也是一门艺术。在生活中，当亲友、同事、同学患病时，前往探望、慰问是人之常情，也是一种礼节。

礼仪无处不在，让我们一起了解一下探病的文明礼仪。

（1）提前了解探望时间

探访对象住在医院里，应先了解探病时间。一般医院都定有一定的探病时间，先行咨询，才不会徒劳无功，尤其是加护病房，更是严格规定探病时间。

（2）进门前先敲门

进入病房，宜先敲门，得到应允才可进入，否则有些病人可能在擦拭身体，或是在床上方便，贸然进入，病人会尴尬不已。

（3）言谈举止要适当

病床空间一般不大，与病人交谈，勿坐在床沿，以免占用病床空间。人在病中，意志力会较敏感薄弱，所以勿

当着病人面与其家属窃窃私语，引起病人的怀疑，以为自己病入膏肓了。

（4）神情保持关切

当病人叙述病情时，应关切地聆听，并说些励志话语，让病人充满信心，如病人不愿多谈病因，则勿追问。

（5）说宽心话，不要直接问病情

探望病人时，要多讲宽心话，不要直接问病情。另外，"脸色很坏"或"考试快到了，什么时候才能出院"等会使病人心烦的话绝对要避免。"气色好得很，我一看就放心了"等愉快的话才能使病人增加勇气和快乐，所以谈话要以鼓励和增强患者信心为主。

（6）对病人的家属要细心安慰与关怀

病人家属大多心情不太好。因此，要适当地安慰病人，不能在病人或病人的家属面前说"他的病情好像不太好"或"还能出院吗？"等令病人及其家属担忧的话。"有需要我帮忙的地方不要客气"等安慰的话，最能让病人及其家属宽心。

(7)探病别随便送礼品

探望病人所带的礼品是有一定讲究的,可以送水果篮、营养品,但一定要根据病人的喜好和身体状况来定,对于患肠胃病的人不宜送太多吃的,对于糖尿病患者不宜送太甜的食物。另外,红包也是不错的选择。

(8)适时结束探望

探病时间以不超过半个小时为宜,除非病人要求作陪,如有其他探病的客人到访,应先行离去,才不会让病房空气不佳,造成病人的疲累。

拥有一个好心情,对战胜疾病大有帮助,我们的探病礼仪就是要站在病人的角度考虑其需求,真心关怀病人,这样才能让他们感到温暖和愉悦,心情好了,才更容易早日康复。

礼仪小贴士

1. 相处中的"六不忘"

职场关系重要而微妙,与同事相处时,要注意"六不忘",在同事遇到难处时,不忘给一点安慰和鼓励。在遇到困难时,不忘向同事求救。不忘树立集体形象。不忘把快乐与同事一起分享。外出时,不忘和同事打个招呼。平日里,不忘接过同事热情送过来的食物。遵循这六个原则,你就会拥有良好的职场微环境。

2. 音乐会着装细节

作为观众,参加音乐会应该如何着装呢?基本上应以正装为主，不要穿太休闲的服饰，比如凉鞋、拖鞋、汗衫、吊带这一类。正装是对演奏者的尊重。如果有幸可以到维也纳金色大厅参加新年音乐会，一定要十分注意自己的着装，女士必须穿正装礼服，男士必须是西装套装。这是对演奏者非常大的尊重。

3. 旅行中，不吃别人的东西，但是可以交换微信

在旅行中，尤其是团体旅行，大家从最初的陌生到最后的相识，在这样一个短暂的过程中，一些人总会友好而客气地拿出自己的一些食品来和大家共同分享。大多数时候，那些邀请别人吃东西的人都是诚意十足的，但是毕竟大家都是陌生人，所以原则上应该是各自吃自己的食物，不吃他人的东西，但是可以友好地互加微信。

4. 握手是传达自信的武器

握手是交际的一部分，握手用右手，虎口相对，时间三五秒钟。在商务场合，领导、客人先伸手；社交场合，女性先伸手。夏天如果戴墨镜和帽子，握手的时候，一定要先摘下。主客见面时，主人先伸手，表示欢迎；客人离开之前再次握手，表示愿意继续交往。握手时，若戴了手套，请记得摘下手套。

5. 与人交谈，避免谈论车祸、坠机等敏感话题

看多了"灰色事件"，人们在出行的时候就不免有些心惊胆战。本来心里已经很紧张了，如果再加上一些旅伴刻意去渲染这种事件的发生率，那么同行的人就会处在一种

紧张的状态中。所以，旅途中，若想彼此融洽，可以一起讨论一些轻松的公共话题，寻找共同点、共同的兴趣爱好。

6. 每送一份礼物，都要精心选择

恋爱中选择赠送对方的礼物是一个费神的活儿。以下是比较受恋人欢迎的十大礼物：①Tiffany（蒂芙尼）戒指。②名牌包包。③名牌时装。④优雅晚餐。⑤高科技数码产品。⑥别致家居用品。⑦精心的旅游计划。⑧品牌女士腕表。⑨创意手作项链。⑩节日创意花艺。

7. 包包搭配小技巧

包包是女生出门的必备饰品，女生应该知道的包包搭配技巧：①大衣搭小包，凸显身高。②纯色衣服搭亮包，个性时髦。③衣包同色搭配，和谐自然。④不知道怎么搭，背黑包万能百搭。在色彩上，包包可以选择与上身衣服一个色系，在视觉上有拉长身材比例的效果。如果穿了花色连衣裙，也可以选择其中同一个色块颜色的包包与服饰色彩呼应。

8. 茶桌斟茶小细节

作为主人，给客人斟茶，每一杯要保持均匀，七分满即可，"斟茶只斟七分满，留得三分人情在"，可以表示对客人的一种尊敬。逆时针旋转注水，表示欢迎客人，顺时针旋转注水，寓意让客人赶紧离开。凤凰三点头，寓意对到访客人三鞠躬，表示欢迎客人的到来。

下篇　悦物

优雅得体的餐桌礼仪

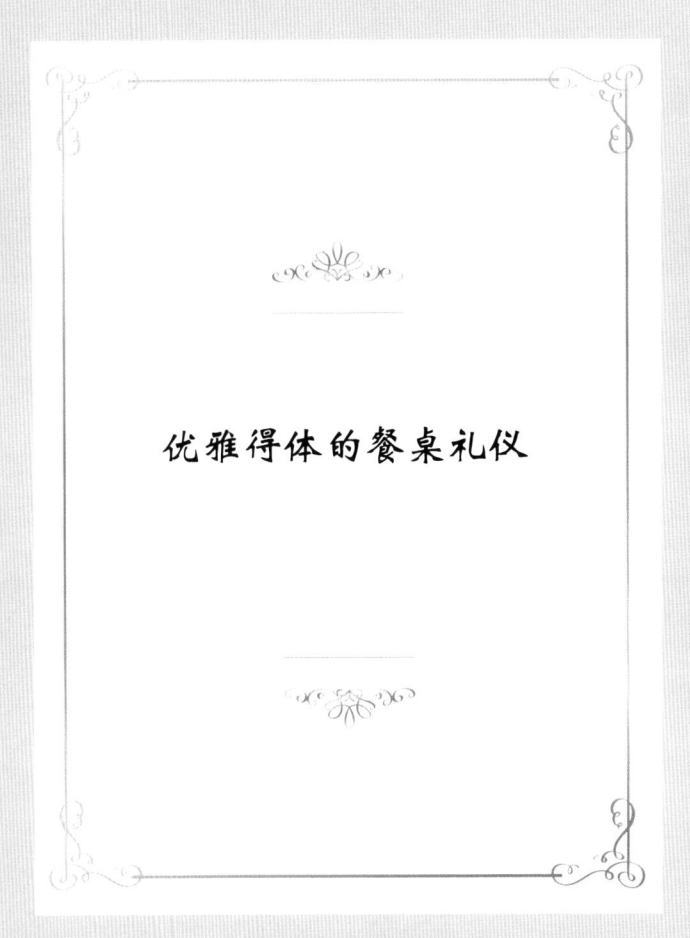

27. 中餐宴请的用餐礼仪

中国素来有"礼仪之邦"的称号，而中国饮食文化源远流长，又有"烹饪王国"之称。从古至今，礼仪就渗透了饮食文化的方方面面。小小一桌席，说凝结了千百年的文化积淀一点不为过，而现代商务人员经常要参加各种宴会与酒席，为此，掌握熟悉中餐礼仪就十分重要了。

用餐可以体现出一个人的良好修养和礼仪素质，不良习惯会给人留下不佳印象，严重者可能会造成合作失败。接下来，让我们一起来了解一下用餐礼仪。

下篇　悦物

　　一顿标准的中式宴席，通常先上冷盘，接下来是热炒，随后是主菜，然后再上点心和汤，如果感觉吃得有点腻，可以点一些餐后甜品，最后上果盘。在点菜的过程中要顾及各个程序的菜式。

　　中餐宴席进餐伊始，服务员送上的第一条湿毛巾是擦手的，不要用它去擦脸。上龙虾、鸡、水果时，会送上一只小小水盂，其中飘着柠檬片或玫瑰花瓣，需知它不是饮

料，而是洗手用的。洗手时，可两手轮流沾湿指头，轻轻涮洗，然后用小毛巾擦干。

用餐时要注意文明礼貌。对外宾不要反复劝菜，可向对方介绍中国菜的特点。有人喜欢向他人劝菜，甚至为对方夹菜。外宾没这个习惯，你要是一再客气，没准人家会反感："说过不吃了，你非逼我干什么？"依此类推，参加外宾举行的宴会，也不要指望主人会反复给你让菜。你要是等别人给自己布菜，那就只好饿肚子。

客人入席后，不要立即动手取食，而应待主人打招呼，由主人举杯示意开始时才能开始，客人不能抢在主人前面。夹菜要文明，应等菜肴转到自己面前时再动筷子，不要抢在邻座前面，一次夹菜也不宜过多。要细嚼慢咽，这不仅有利于消化，也是餐桌上的礼仪要求。绝不能大块往嘴里塞，狼吞虎咽，这样会给人留下贪婪的印象。

不要挑食，不要只盯住自己喜欢的菜吃，或者急忙把喜欢的菜堆在自己的盘子里。用餐的动作要文雅，夹菜时不要碰到邻座，不要把盘子里的菜拨到桌子上，不要把汤泼翻。不要发出不必要的声音，如喝汤时"咕噜咕噜"，吃菜时嘴里"叭叭"作响，这都是粗俗的表现。

不要一边吃东西，一边和人聊天。嘴里的骨头和鱼刺不要吐在桌子上，可用餐巾掩口，用筷子取出来放在碟子里。掉在桌子上的菜，不要再吃。进餐过程中不要玩弄碗筷，或用筷子指向别人。不要用手去嘴里乱抠。用牙签剔牙时，应用手或餐巾掩住嘴。不要让餐具发出任何声响。

用餐结束后，可以用餐巾、餐巾纸或服务员送来的小毛巾擦擦嘴，但不宜擦头颈或胸脯；餐后不要不加控制地打饱嗝或嗳气；在主人还没示意结束时，客人不能先离席。

商务宴请就餐礼仪可用六个字概括：礼让、文雅、得体。宴请就餐的细节恰恰是一个商务人士素养的综合体现。

28. 西餐礼仪中的"第一刻"

随着中国的国力强盛，我们与外国友人共进西餐的机会也越来越多，在西方，所有跟吃饭有关的事，都备受重视，因为它同时提供了两种最受赞赏的美学享受——美食与交谈。西餐除了精致外，优雅的用餐礼仪是其先修课，它与中餐也有诸多不同，这一点在到达餐厅的"第一刻"就不同了。

我在讲课过程中，发现很多学员都忽略了这一点，我们去中餐厅进餐，会自己进到餐厅直接找位子坐下，再高声呼唤服务人员送上菜单。但在西方，进入餐厅，必须首先向服务员打招呼，才显得不突兀。到达西餐厅，不能像

中餐厅那样长驱直入就座，必须先到接待区（台）告知服务员预约人的名字。比如在德国，你经常会看到很多当地人在餐厅入口处等待座位，绝对没有一个人自己闯入乱找位置。因为他们从小就知道这是对餐厅的尊重，也是对自己的尊重。在德国，餐厅老板对于不守规矩、不自爱的客人，是有权不提供服务的。

我有个朋友，是位男士，去年就遇到了一件这样的糗事。他得到了公司的赏识，晋升成合伙人。这天，他的朋友们特地把聚餐点定在了当地一家顶级西餐厅,来为他庆祝。到了西餐厅,他径直朝里面走进去,看都没看一眼那个外国服务员,让她目瞪口呆愣了半晌,醒过神来追过去问他是否订位,偏偏这个服务员的汉语不流利,讲不通之后又用英语解释。我朋友一时激动,以为不让他在这里吃饭,非常生气,放开声音和这位服务员争执起来。其他朋友闻声赶来,向这位服务员表示了歉意,这才解了围。事后,我朋友说在吃饭这个问题上,中西方差距还是挺大的,吃西餐还真不能太随性了。

所以,到西餐厅就餐,到达餐厅应该主动询问服务员,这是西餐礼仪中的"第一刻",这样做会让我们在获得美食的同时带给别人美好的心情,自己同样也会收获好心情。迎宾人员为我们带位后要对他们礼貌致谢。如果你需要坐到好的位子(临窗、观景),可先向服务人员支付一些小费。

西餐礼仪的"第一刻"很好地体现了礼仪中"礼"的内涵,不管对方身份地位如何普通,对他人足够尊重,我们才能同样地获得以礼相待。

29. 西餐礼仪之优雅入座

正式的西餐礼仪中，非常重要的是座次的顺序，如果我们不懂，很有可能会在这样的社交场景中陷入尴尬。西餐礼仪中，座次的安排规则有：

①女士优先。在西餐礼仪中，往往体现女士优先的原则。排定用餐席位时，一般女主人为第一主人，在主位就位，而男主人为第二

主人，坐在第二主人的位置上。

②距离定位。西餐桌上席位的尊卑是根据其距离主位的远近决定的。距主位近的位置要优于距主位远的位置。

③以右为尊。排定席位时，以右为尊是基本原则。就某一具体位置而言，按礼仪规范其右侧相较于左侧之位更为尊贵。在西餐排位时，男主宾要排在女主人的右侧，女主宾排在男主人的右侧，按此原则，依次排列。

④面门为上。按礼仪的要求，面对餐厅正门的位子要比背对餐厅正门的位子更尊贵。

⑤交叉排列。西餐排列席位时，讲究交叉排列的原则，即男女应当交叉排列，熟人和生人也应当交叉排列。在西方人看来，宴会场合要拓展人际关系，这样交叉排列，用意就是让人们能更多地和周围的人聊天认识，从而达到社交的目的。

西餐的位置排法与中餐也有一定的区别。中餐多使用圆桌,西餐则以长桌为主。长桌的位置排法主要有以下两种方式:

①法式就座方式。主人位置在中间,男女主人对坐,女主人右边是男主宾,左边是男次宾,男主人右边是女主客,左边是女次客,陪客则尽量往旁边坐。

②英美式就座方式。桌子两端为男女主人,若夫妇一起受邀,则男士坐在女主人的右手边,女士坐在男主人的右手边,左边则是次客的位置,如果是陪同客尽量往中间坐。

在隆重的场合,如果餐桌安排在一个单独的房间里,在女主人请你入席之前,不应当擅自进入设有餐桌的房间。如果都是朋友,大家可以自由入座,在其他场合,客人要按女主人的指点入座。客人要服从主人的安排,其礼貌的做法是,在女主人和其他女士坐下之后方可坐下。一般来说,宴会应由女主人主持。如果女主人说:"祝你们胃口好"，这就意味着你可以吃了。如果女主人还没有发话，勺子就进了口，则是非常不礼貌的。

以上可能有些烧脑，不过出席正式的西餐场合，我们就一定要了解这些知识，它们可以让我们更加优雅！

30. 看英剧，学品酒

酒是英国文化里不可忽视的部分，这个诞生过《傲慢与偏见》《唐顿庄园》的优雅国度，曾被评为世界上最爱喝酒的国家。英国人对细节一贯有极致的追求，即使对于葡萄酒，也有着自己一套独特的品酒礼仪。

酒会，起源于欧美，一直被沿用至今，并在人们社交活动中占有重要地位，常为社会团体或个人联络和增进感情而用。具体而言，酒会是便宴的一种形式，会上不设正餐，只是略备酒水、点心、菜肴等，而且多以冷味为主。

在酒会上，常见的是葡萄酒。你可能在影视剧中见过这样的场景：主人翁优雅地举起酒杯，凝神观察酒的色泽和印痕，再寥寥几语内行地品评酒的香气和风味，便能迅速受到整个社交圈子的欢迎。

葡萄酒是现代国际社交的第二种语言，这种观点已经得到了众多政务、商务人士的认同。品酒是用眼、鼻和口来鉴别酒液的色、香与味。首先用眼睛观察，其次用鼻子闻酒的香气，再次是用味觉来品尝。最后针对这三种感

官观察做一整合性的分析,也就是颜色、香味和口感之间是否相互搭配协调。具体来说,品酒可分为以下三个主要步骤:

(1)用眼睛观赏酒液的颜色

选定餐酒后,服务员会先将酒奉上,跟你核对酒瓶上的标签,确认餐酒品牌无误后,会为你先倒少许酒液试饮,若你对酒质口味感到满意,服务员便会继续添酒。

试酒前,先要微微举起酒杯,轻轻打圈摇晃,先欣赏酒液的"挂杯"情况,再于灯光下观赏其色泽,并要留意酒液是否清澈无杂质。

(2)用鼻子感受酒香

先握紧杯脚,将酒杯轻轻打圈,让红酒在杯内晃动,跟大量空气接触,释放香气,然后将酒杯凑近鼻子,慢慢享受酒香。只要你多试几次,慢慢就能分辨出酒液中的果味、木味、花味、泥土味以及橡木味,亦可凭味道分辨出酒的级数。

(3) 呷一口酒，让酒香在口腔中慢慢释放散开

饮用餐酒，"咕噜咕噜"地吞下去，是一种浪费和失仪；应先呷一口，让味蕾感受酒的味道，然后再慢慢吞下。而一瓶优质佳酿，喝过酒香会留于口腔之内，久久不散，也可为之后的晚餐带来丰富的味觉享受。

另外，正确的持杯姿势是用拇指、食指和中指夹住高脚杯杯柱。首先，夹住杯柱便于透过杯壁欣赏酒的色泽，也便于摇晃酒杯释放酒香。如果握住杯壁，手指就会挡住视线，也无法摇晃酒杯；其次，饮用葡萄酒讲究一定的适饮温度，如果用手指握住杯壁，手温将会把酒温热，影响葡萄酒的口感。

品酒并不是喝酒，它是一门学问，掌握它，你将真正享受到酒的美妙。

31. 做一个懂咖啡的人

此刻,你在享用咖啡吗?是不是因为刚泡好的咖啡太热,正在卖力地试图吹凉它呢?是不是正在习惯性地用你的咖啡匙一口口往嘴里送咖啡呢? 是不是左手一口点心,右手一口咖啡,正怡然自得地享受呢?但我不得不告诉你,这些其实都是喝咖啡时的礼仪"禁区"。走出"禁区",也许你会觉得丧失了原先自由自在喝咖啡的畅快。但是,唯有如此,你才能成为一个真正懂咖啡、了解咖啡的人。

喝咖啡不能像喝白开水一样,一口气喝完。一杯咖啡端到你的面前,先不要急着喝,而应像品鉴葡萄酒一样,有一个循序渐进的过程,以达到放松、提神和享受的目的。

气质的力量

（1）闻香

一位品尝咖啡的行家，一定会在咖啡端上来的那一刻，先对着咖啡杯深深地吸一口气，感受一下那扑鼻而来的浓醇香气，感受那精妙的咖啡原香。

（2）观色

品鉴葡萄酒是先观色再闻香，品鉴咖啡的步骤则与之相反，需先感受咖啡的浓香之后，再观察咖啡的颜色和浓度。最好的咖啡是呈现深棕色，而不是一片漆黑；一杯好的咖啡应清澈不浑浊，如果浑浊则有可能是咖啡豆的质量不好或者是冲泡的方式不恰当。

（3）品尝

在品尝咖啡前，最好先喝一口冷水，让舌头上的每一个味蕾都充分做好感受咖啡美味的准备，同时冷水也有清洁口腔、消除口腔中的异味的作用。然后，再喝一口不加糖和奶精的黑咖啡，感受一下原味咖啡的香、甘、醇、酸、苦。不要急于将咖啡一口咽下，应暂时含在口中，让咖啡、唾液和空气稍做混合再将咖啡咽下。

（4）加糖

在感受了黑咖啡的深邃风味之后，可以根据个人的喜好加入适量的糖，并用咖啡匙搅拌。如果需要加奶精的话，可以趁着搅拌的咖啡旋涡缓缓加入奶精，让奶精的油脂浮在咖啡表面，这样做可以保持咖啡的热度，同时也可以蒸发奶香，让你享受到多层的口感。喝咖啡时切忌牛饮，需小口小口地品尝。如果方便的话，还可以一口冷水、一口咖啡交替进行，以更好地感受每一口咖啡的滋味。

（5）趁热喝咖啡

品尝咖啡的最佳温度是 80℃，所以咖啡应该趁热喝，最好在端上来的 10 分钟内喝完。在社交场合，咖啡趁热喝是基本的礼节，所以，不管是什么样的咖啡，都应尽量在 10 分钟内喝完。

（6）拿咖啡杯的姿势

拿咖啡杯的时候，切忌将手指穿过杯子的耳朵。西餐餐后一般会提供咖啡，这时的咖啡是在袖珍杯中，杯子耳朵很小，手指伸不进去，所以一般不会出错。但是在其他场合使用较大的咖啡杯的时候，我们很容易将手指穿过咖啡杯的耳朵来拿杯子，这是非常失礼的行为。咖啡杯正确的拿法是：用食指和拇指捏住杯子的耳朵再端起咖啡杯。

最后，犒劳自己一杯美味的咖啡吧，学习咖啡礼仪，让生活更有仪式感！

32. 饮茶之礼仪

中国是茶的故乡,是世界"茶文化"的发源地。种植茶、食用茶的历史悠久,至今已历经五千多年。期间历史进程纷繁复杂,简而言之,茶在刚开始只是作为一种药材,从汉代开始被当作生津解渴的饮料,再到后来成为一种待客之道,随着古老文明的历史演变,逐渐形成一种"茶文化",并与中国传统儒家、道家和佛家的文化相互融合、相互促进发展。

俗话说,开门七件事:"柴米油盐酱醋茶"。如今茶早已从王公贵胄家里进入寻常百姓家。如果说中国人交往的核心是"礼",那茶就是承载中国人交往礼仪的重要载体。

气质的力量

我们学习传统的饮茶方式,除了继承传统文化,提倡健康的生活方式之外,更是于声色五感之中追寻传统礼仪的气韵之美,修炼内心的"清、敬、怡、真",炼就质朴谦和的气质。

我们总希望于举手投足间见修养,顾盼谈吐中见气质。修养与气质何来?我的答案是"敬于中而礼于外"。心中有敬意,行为举止才会有端方。在我们行茶之中,最在意的就是那份对天地万物的礼敬之情。你瞧,我们在品茶时讲究姿势端正,不论是执壶还是执杯,不论是投茶还是注水,泡茶者于方寸间严谨操作，从手势到眼神再到动作的节奏，都一丝不苟。此时，泡茶者心中所想的是"敬"——对客人的尊敬，对自己泡茶人身份的尊敬，对茶农和制茶者的尊敬。还有，对这片经历了春生夏长、高温往复历练、千里迢迢来到面前的茶叶的尊敬，更有一份感恩天地孕育、承载人文的温柔礼敬。

而你欣赏到的是什么呢？是"美"！

茶器精致，环境怡人，茶香萦绕，还有——伺茶人如从画中走来，雅正端方，温润如玉。此时，人景相融，关于美的体验是如此生动而立体。

于一杯茶中见真情，于一杯茶中见修养。于我而言，习茶是礼仪的修习，也是学习传统文化的索引。希望在未来的道路上能遇见更多的同路者，一起领略茶之美，礼之美。

气质的力量

礼仪小贴士

1. 让声音更入耳、迷人

在某种意义上,声音是人的第二外貌,别人可以通过声音"阅读"很多内容。此外,语音、语调以及声调的变化占说话可信度的84%,所以,我们要对自己的声音有所觉察,留意自己说话是不是太快了?语音不可太高,也不可太低,适中最好,把感情融入说话中,可以直接感染听者。

2. 婚后仍要修饰自己的仪容

魅力是美的一部分,大凡做丈夫的,总希望妻子永远具有魅力，而妻子也更期望用自己的魅力吸引丈夫。做到以下三点，可以让婚姻"保鲜"。①克服自身惰性，不要安于现状。②保持"年轻的心"，勇于接受新事物。③及时充电，学习成长。

3. 小小关怀，大大感动

很多夫妻都觉得结婚后讲夫妻礼仪是一件虚伪的事。彼此只剩下挑剔、贬责和忽视。想要维持长久、幸福的婚姻，应该将小小关怀进行到底。①经常向对方说"我爱你"。②相互间非常亲密。③讲究性爱的和谐。④尊重和欣赏对方。⑤相互开诚布公。⑥互相支持。⑦为二人世界挤出时间。

气质的力量

4. 父母最应讲的"金句"

亲子互动需要智慧,父母最该对孩子讲的"十大金句":①你自己来做决定。②爸爸妈妈都爱你。③孩子,你是最棒的。④放弃是一种智慧,缺失也是一种恩惠。⑤别人的东西就是别人的。⑥祝你今天上学愉快。⑦×点钟准时见。⑧你来帮我解决一个问题好吗?

5. 内向性格如何打开"话匣子"

聊天作为沟通的一种形式,可以拉近我们彼此的距离。最适合内向人的聊天方式,就是先从提问开始,说最少的话,聊最好的天。那问什么呢?提问开放的话题。例如新上映一部电影,问"你对这部电影怎么看?"就远比"你是不是喜欢这部电影"更开放,更能引发对方的表达愿望,从而让对方认为你更加关注他,这样双方关系就会更加融洽。

6. 西餐上菜程序"早知道"

了解西餐上菜的基本顺序,会让我们在宴请时更加从容。①头盘(开胃品)。②西餐汤品。③蛋类、鱼类和面包类等副菜。④肉、禽类等主菜。⑤蔬菜类。⑥餐后甜品。⑦咖啡。西餐种类繁多,风味各异,因此上菜的顺序因不同的菜系、不同的规格会有所差异,但其基本顺序大体相同。

7. 受益终身的5个儿童礼仪

教会孩子5个礼仪,他会一生受益。①问候礼仪:教

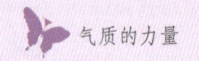

孩子用手势打招呼，挥手，面带微笑；你好、谢谢、再见等常用语要成为习惯语。②收红包礼仪：教孩子用双手接过红包，并对长辈说谢谢，红包不能当着长辈的面拆开。③餐桌礼仪：教孩子长幼有序，碗里的饭菜要吃完，珍惜食物。④做客礼仪：教孩子坐姿规范，告诉他随意动别人的东西是不礼貌的。⑤待客礼仪：教孩子主动问好，教他们大人谈话时不捣乱不插嘴，教他们与小客人一起分享。

8. 孝在心中，还要常回家看看

父母为儿女们忙活了半辈子，到老了唯一的愿望是和儿女团聚，很多年轻人在外面打拼，无暇顾及父母，为自己找借口，觉得"心中有孝"就足够了，一年回一次家，就认为是尽孝心了。只是时光飞逝，转眼父母就老了，终有一天会离我们而去，所以，我们需要珍惜每一个当下，多回家看看父母。

【琢心篇：罗丹心语】

1. 阅读,细嗅岁月的微香

曾看过一篇气质女星许晴的人物专访,其中她的一句话让人印象特别深刻。她说,对我而言,我觉得读书是我的一种生活习惯,就像我需要吃饭一样,这是需要而不是

爱好。看过电影《建国大业》的人都会赞叹，许晴演宋庆龄演得真是好，她那一举手一投足简直就是观众心中温婉端懿的"国母"形象！一个演员的气质只有和角色的气质完全相融才会有这样美好的画面，在这份气质里，估计藏着她们共同的书卷的尔雅之气。

其实，每一个渴望提升的灵魂都应该视阅读为生活的一种需要。因为人类几千年的智慧就凝聚在那一笔一画的意蕴里，因为你心中的每一个困惑都可以在其中找到答案。一个爱读书的人也许不乐观，但一定不会钻牛角尖；一个爱读书的人，也许她一生居于寸土，但她的心中却有着全世界。当一个人格局有这么大时，内心就开始变得强大，才可以真正从容面对生活中各种境遇。

每每有学员问我："罗老师，我在课上练得很到位，回去以后，遇到具体的社交场合，我怎么就放不开手脚了呢？"

我的答案是："气场不够，开始读书吧。"

不过这个时候，有些学员就会说："罗老师，你看，我

气质的力量

天天课本、作业、辅导班,天天上班、家务、带孩子,哪有时间看书呢?"其实,我们太喜欢拿生活做借口。运动?太忙!旅行?太忙!读书?还是太忙!我们真的那么忙吗?其实并不是。在休息日,我们宁愿选择窝在沙发里做一粒看肥皂剧的土豆,或是三两约起吃喝逛街搓麻将,也不会静静捧起一本书小读片刻,为什么?因为我们觉得读书太累了。

阅读是一件很累的事,怎么会?它是多么美妙的事。在某个休息日的午后,窗外阳光正好,清风缱绻,你也许刚照顾完孩子,刚收拾干净屋子,这时,给自己泡上一杯茶,打开一本书,未知之幕开启,时针停止摆动,就这样静下去,忧、喜、赞、忿,不知不觉,天已经黑了。你揉揉眼睛,伸伸懒腰,真是痛快!此时的满足感,绝对是一部肥皂剧的大团圆结局或一件漂亮的衣服难以给你的。

【琢心篇：罗丹心语】

2. 生命是一场修行，让世界温情柔软

这几年，"修行"这个词突然就如同时尚用语一样流行了起来。有人问我，"什么是修行？"我觉得修行是让自己静下来。一碗粥，从滚烫到温热，一口一口，不急不缓地喝，就是一种修行；一壶茶，从平静到沸腾，冲泡间高举落下，轻柔有致，落水无痕，就是一种修行；一首曲，从低沉到高昂，弹指间，顿挫有力，张弛有度，徐徐绕梁，就是一种修行。

心静才能听到万物的声音，心清才能看到万物的本质。

修行，其实并非避于山林，而是修于自身，行于生活。形修只是外在，心修才是关键。

或拈一枝花，日光染色，与一只精致的花瓶对望，掬清水，悠然插花；或在飘雨的日子，捧一壶清茶，静坐窗前，听雨水滴答的声音，落在树叶，打在屋檐，跌在如镜的水面，点点水花，荡开丝丝涟漪……真正的平静，并不是避开车马喧嚣，而是在心中留一方净地，修篱种菊。

当心静下来，你便拥有了整个世界。

修行有三个境界：一为心静，二为放下，三为慈悲。

一念一清静，心是莲花开。心静我们通常较易做到，真正做到"放下"却很难。

一念放下，万般自在。

这一辈子我们能留下点什么？身留不下，钱带不走，唯独，这高贵的灵魂，可以永生！

慈悲，是放下自己的一点执念，体会着每个人的不容易，养出一生的柔软和坦荡。

当慈悲在你心中生根发芽，你会发现，无论何时，你都会以一颗柔软而温暖的心看待世界。你会懂得，苦，也是一种滋味；接纳，即是乐。与此同时，你的心量也会变大。

人的心量就像一个房间。如果房间空间太小，就放不下太多的东西，一点小事就可以轻易惹怒你；一些情绪会轻易左右你的生活。只有更大的心量，才能放得下更多的东西。你会发现以前觉得天大的事情，已是过眼云烟，不值一提。

人成长到某一个阶段，遇到的阻碍并不全是技能的瓶颈，而是自我情绪的控制和管理，这是胸怀、格局受限的直接表现。修行就是学会控制自己的脾气，控制过激的语言。

知人不必言尽，留三分余地与人，留些口德与己。责人不必苛尽，留三分余地与人，留些肚量与己。才能不必傲尽，留三分余地与人，留些内涵与己。锋芒不必露尽，留三分余地与人，留些深敛与己。有功不必邀尽，留三分余地与人，留些谦让与己。得理不必抢尽，留三分余地与人，留些宽和与己。

狭隘是成长路上的绊脚石。格局狭隘，心胸即开始了狭隘，而后便是思想的狭隘，再者是语言乃至行为……于是，无论是否耗尽全力，也仍会裹足不前！成长即是修行，修行重在修心。

人与人之间最大的伤害之一就是误会；人与人之间之所以产生误会，最大的问题是没有沟通；人与人之间不想沟通是心里有一股气；人与人之间那股气是因为自己修炼不够；而人与人之间修炼的最大磁场，是时刻问自己：我到底要什么？我未来要什么？！然而为自己想要的生活付诸行动，需从自我修炼开始！

吸引力法则告诉我们：你相信什么，就会吸引到什么；你怀疑什么，什么就会与你擦肩而过；你抱怨什么，什么事就会在你身上发生；所有来到你面前的，都是被你自己吸引而来的。那么，如若你希望好运来到身边，那么在每一个当下，你会说好话，存好心，给自己与他人都留一线。

只要心念正，向内求，诸事皆为修行。行有不得，反求诸己，修行之路，学无止境。

那些看似不染尘的脱俗女子，她们正如潺潺流水般，怀着一颗慈悲之心，懂得放下自己，心静如莲，笑那浮华

气质的力量

落尽，月色如洗；笑那悄然而逝，飞花万盏……

这是一种源自心灵的宁静恬美。

一言一语皆是修行，施与受也是修行，你的仪态是修行最直观的表现，对照一下，即便是简单的坐姿，你的细节又修炼到了什么程度？

3. 愿你千帆历尽，归来仍是少年

记忆中的外婆家，是个特别美的地方。

青山环绕，绿水长流，淳朴的民风，天然的食材，从小到大，总让我魂牵梦萦。如今已经物是人非，街道冷冷清清，熟悉的老人家已不在人世，昔日的孩子们已长成英姿勃发的少年。每次回去走在乡间小路上，我总不自觉回忆起以往岁月中的点点滴滴，任往事一幕幕掠过眼前，微微一笑间心生伤感。

不由感叹，生命中，有太多的美好时光抓不住，有太多的人来人往留不下……白云苍狗，人世沧桑变化不过一瞬之事，唯有怀着最初的纯真与美好，才经得起磨砺。

时间总是最好的见证，它会让一切说真话。它会把重情重义的人留下，也会把虚情假意的人冲刷。它不仅会让你放下无意义的牵挂，也会让你珍惜最幸福的当下。

生命，是一树花开，或安静或热烈，或寂寞或璀璨，日子，就在岁月的年轮中渐次厚重，那些天真的、跃动的，抑或沉思的灵魂，就在繁华与喧嚣中，被刻上深深浅浅、或浓或淡的印痕。

特别喜欢那些具有植物一样品性的人儿，她们所言所行没有丝毫浮夸，带有自然真诚的气质。亦似花，静静开，悄悄落，有阳光即可按自己的方式生长，与世间无太多瓜葛，无须倾城色，只涤尽千尘。

你我或许都有孩子气的一面，保留童真，追逐童颜，让我们卸下所有的头衔、所有的身份、所有的年龄，回归到本真，找回初心。

撑一把雨伞，邂逅朦胧春雨，行走在林间小道，放空心灵，忘却内心的烦忧，沉浸在青山绿水中，那股迎面而来的清风，恍若梦境。看云一样的思绪，飘过来又飘过去，最终还是落在我的手掌上，绚丽如霓霞，悠悠如晨雾。

不是假装自己还很年轻，而是年轻的心从不曾更改。

我们热爱着生活，便永远不会老去，无论何时，风姿绰约，亭亭玉立。

纯真的人不会老，因为心年轻。把复杂变得简单是一种本事，而我们都是从纯真到复杂，又从复杂回归到纯真，因为简单点才快乐。

4. 一辈子一件事，为礼传承

因为工作的关系，我一年中有很多时候都在空中旅行，身边的人都笑称我是"空中飞人"，虽然是搭乘不同的航空班机，但每个航空公司都给我留下了不一样的印象。如果你问我对哪个航空公司最深刻？那一定是川航。

每每乘坐川航的飞机，从登机那一刻开始，空姐们甜美的微笑会让你顿感暖风和煦，哪怕是遇到小型气流的时候，她们都始终保持着笔直的站姿、优雅的仪态、彬彬有礼的谈吐、轻柔的语调，还有不厌其烦的态度，这些无不令我感受到眼前一亮。

我记得有一次，我乘坐的飞机中途遇到了强气流，一时间，整个机枪的人都十分慌张，我前排坐着一位带孩子的母亲，小女孩头次遇到这样的情况，吓得问妈妈："妈妈，为什么飞机摇晃得这么厉害，我害怕，飞机会不会掉下去啊！"她的母亲一个劲地安慰她："不会的，宝贝乖，不怕啊。"小女孩缩进母亲的怀抱，我坐在后面也能感觉到她的害怕。这时，一位空姐看到了，摇晃着走过来，微笑着对这对母女说："这是飞机遇到了强气流，会有一会儿颠簸，不用紧张，我们工作时经常会遇到，我曾经遇到过比这更颠簸的情况也没事。小妹妹，姐姐教你一个小秘招，你闭上眼睛，在心里默数100下，等你数完睁开眼就好了。"小女孩半信半疑的，妈妈说："嗯，姐姐的方法不错哦，妮妮，你试试。"后来，小女孩还没默数完100，飞机就恢复了平稳。小女孩开心地对妈妈说："这个姐姐的方法真有效啊！"

这个事情给我的印象非常深刻。有时候我们说再多的

【琢心篇：罗丹心语】

语言，还不及一个微表情的传递，温暖而走心。

也许你会说，空姐都经过职业培训，这些对她们并不是难事。对，也许刚开始确实只是一个肢体与动作的规范要求，但久而久之，当它成为你的一个习惯，变成你的一件外衣时，它就成了你灵魂的一部分。

这就是我所理解的礼仪，不是一个简单的动作表象，更多的是一种注入灵魂深处的风骨，是来自灵魂深处的沟通。

礼仪的熏陶，虽可使人由表及里潜移默化地改变，但训练是必须的，因为礼仪不仅是知道，更要做到，而真正能做到这些的人往往会让你不由肃然起敬。

如果你问我，什么人最令我肃然起敬，我会告诉你两个字：军人。

相信新中国成立70周年大阅兵现场那盛大宏伟的场面一定深深震撼了你。看着我们祖国的人民子弟兵列队行礼从天安门主席台走过的时候，我有一种无以言表的自豪与骄傲，忍不住热泪盈眶。

所有超规范的精准动作下，我们被一种精神所折服。

平时，无论是电视上还是日常生活中，你都可以看到夏日炎炎、骄阳当空下或寒风瑟瑟、冬雪凛冽中十字路口指挥交通的交通警，保安岗亭中站岗的保安，驻守边疆的年轻士兵们……他们穿着整齐的制服，身姿笔挺坚守在他们平凡的岗位上，他们敬出的每一个礼，是那么精神抖擞，他们那种从身体里透露出的专业、敬业精神，让我肃然之情油然而生。

我所理解的礼仪是有生命力的，它背后蕴藏着一种向上的蓬勃精神。

我国素有礼仪之邦之称，东方之美的精髓在礼仪上更是体现得淋漓尽致。

屡屡新闻报道中，我们的国母彭妈妈良好的教养和脱俗的品位，在一次次国与国之间的邦交之礼中尽显国母风范。

彭妈妈举手投足间落落大方、进退得宜的仪态，如果多一分容易显得过于刻意，少一分则容易产生怠慢错觉，这种恰如其分，还真不是一朝一夕可以拿捏准的。

其实这些看似仪式感的礼仪背后，感性的、程式化的细节早已在人的心灵历练中扎根。

仪式感融汇了周到的礼节，它富有情感关怀，饱含教育的温度，造就了礼仪家风的传承，为优质的教育做铺垫，也为人打造了灿烂辉煌的人生。

学礼仪，站立行走，音容笑貌，迎来送往固然重要，若只浮于表面，久而久之，滋长的是浮华之气。学礼仪，应从修身养性开始，修的是什么？恭敬心。有恭敬之心的人会很有分寸，该说什么不该说什么，该做什么不该做什么，因心中有敬，言语举止自然有度、无师自通，此时你才会体会到最好的老师其实就是你的心！

本真的自我，如一朵鲜花在适宜的季节里绽放，不争夺匆匆的时间，也不羞于自己的模样，面对众人，能落落

气质的力量

大方，举止优雅，与生人擦肩，也能真诚微笑。礼，当由心生。

有时候，看着我的每个学员通过接触礼仪、学习礼仪，一步步变成礼仪传播者，我都会生出一种自豪感，觉得礼仪传播之路，或许就是我的修行之路——无惧风雨，无畏无阻。

尾声

  如今的社会，对女人的要求真的很高，然而，一个对自己有要求的女人总是在不断完善自己。她们懂"礼"，知道欣赏独特的自己，会炫出最闪亮的自己，她们孜孜不倦地学习，勇敢而善良，温柔又纯真，为自己的事业努力打

拼的同时又能在世俗中安于淡泊。这就是东方女性的美，看似柔弱，却用她们那颗坚韧的心撑起了属于自己的那片天地。

女性之美有三种，第一种：容貌美，看上去赏心悦目；第二种：气质美，举手投足之间尽显优雅气质；第三种：灵魂美，美的源头是内心，有智慧、懂生活，由内而外，美得心悦诚服。东方女性的美，糅合了这三种，更注重于第三种美的修炼。

我始终坚信，信手拈来的从容，都是厚积薄发的沉淀，从容于心，方不迫于行。

近几年，礼仪培训行业如同雨后春笋般蓬勃发展。百花齐放的局面让我们看到了行业的生机勃勃，也看到了市场的良莠不齐。于是，有人迷失，有人浮躁，以为虚荣和浮华就是真相，无法踏踏实实地做点实事，忘记了当初为什么而出发，忘记了学为人师的精髓。这一点是可悲的，需要静下心来好好反思。

一寸粉笔，写尽无数春秋；

三尺讲台，孕育天下桃李。

少年的我们曾经不懂老师的良苦用心。如今，身为礼仪文化的传播老师，我深感身上责任的重大。帮助那些迷茫的女性，鼓励她们在青春岁月里寻回最亮丽的色彩，是我渺小又宏大的心愿。前行路上，除了追名逐利的驱动，更需要传承礼仪文化的初心！

漫漫人生路，皆是修行，让我们一同上路，一起修得各自的圆满吧！

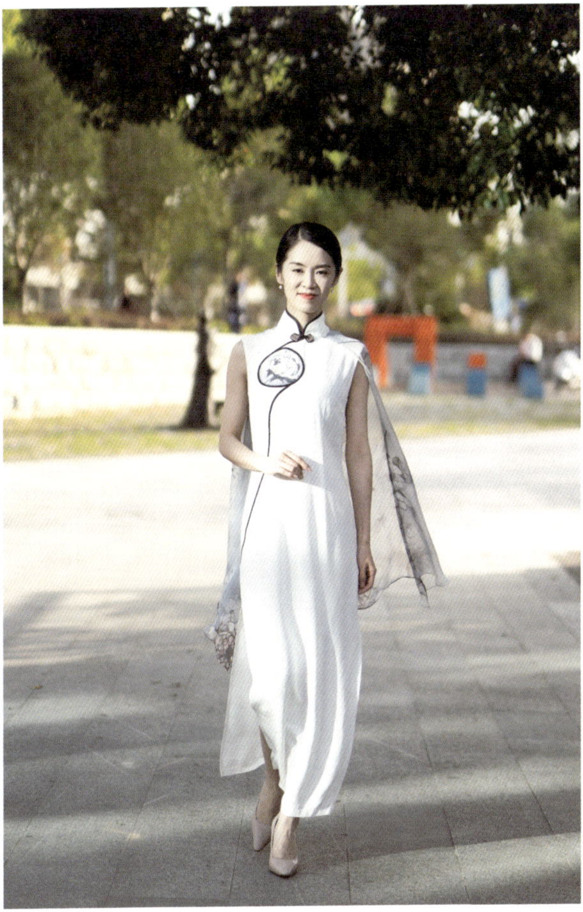

明星学员见证

陈莉　长沙宏地科技创始人、总经理

罗丹老师：腹有诗书气自华。她自信而柔软的内心，诗情画意般的言语，智慧的人生态度，仪态万方，是少见的智慧与才华并存的气质女性。每一次与罗老师的交流，都犹如一场由内到外的安顿与升华！期待与罗丹老师联合出版的《气质的力量》这本书，能让更多的人一起走向美好的未来！

易香泉　香泉文化公司创始人

我们每个人来到这个世界都有使命。我依然没有忘记自己的初心。内心的正心、正念，不会随环境与事物的改变而变化。所以，这次我决定和罗丹老师一起联合出版这本《气质的力量》。

杨咏梅　仪美礼仪形体创始人

与罗丹老师的缘份始于网络咨询。怀揣忐忑的心情与好友一起来到罗丹礼仪学院。在课堂上，我们彻底被她所折服！罗老师的课于我而言，就是一种享受！罗老师身上不仅有作为礼仪老师的那一份执着和专业，更有女性知性、优雅柔美、坚韧的气质，也正是她的自信满满、能量满满，深深地吸引着我，让我不由自主地跟随她的脚步，一起领略礼仪之美、仪态之美，这就是所谓的气质的力量吧！

黄烁　正面管教讲师、国际认证鼓励咨询师

珍惜人生每一个时刻的角色、飒爽铿锵的工作状态、爱有温情的家庭氛围、平和内寻的修心时光，不断学习、不断成长，探索现代女性的精致与优雅，保留少女时期的光彩与活力，未来，期待着如罗丹老师所言，用自信去迎接生活的种种挑战，做个知行合一、灵魂有力量的馨香女子。

王娟　国际特许注册家庭教育指导师

为了更好地完善自己，让自己变得越来越美，我来到了罗丹老师课堂，在这里我成功蜕变，由内而外散发出来的那份优雅气质，无论到哪里都成为焦点，它让我充满自信，这大概就是罗丹老师说的"气质的力量"！

夏晶晶　湖南懋军宝工电子有限公司创始人

2017年与罗丹老师结缘，她的课程轻松愉悦，颠覆了常规课程带来的乏味，她全身散发出来的不仅仅是个人魅力，更是一种女人不想放弃的精神。气则定，质则稳；多年的创业经验让我更深刻地明白一个人的气质带给我们的力量有多大。感谢罗老师的特邀，并联合出版《气质的力量》，希望能够让更多的人成功蜕变！